Sheila Burnford, in Schottland geboren, lebt mit ihrer Familie in Port Arthur, Ontario, inmitten der Wälder und Seen Nordwestkanadas.

Zurück nach Hause. Drei Tiere machen sich auf eine gefahrvolle Wanderung durch die fast menschenleeren Weiten der kanadischen Wildnis, an die sie als Haustiere überhaupt nicht gewöhnt sind. Bei den drei Reisegenossen handelt es sich um Bodger, einen altersschwachen englischen Bullterrier, Luath, einen jungen Jagdhund und um Tao, den eher ungewöhnlichen Siamkater, der bei Fuß geht, wie ein Hund, und ein passionierter Jäger ist.
Von der Familie, bei der sie ursprünglich lebten, wurden die drei in die Obhut eines Freundes gegeben, der in der Waldwildnis Kanadas wohnt. Doch trotz guter Pflege machen sich die drei Tiere nach einiger Zeit auf den fünfhundert Kilometer langen Heimweg.
Wären sie nicht zu dritt gewesen, hätten die verhätschelten Haustiere ihr Ziel vermutlich nie erreicht. Aber gemeinsam trotzen sie allen Gefahren: Hunger, Erschöpfung, Frost und reißendem Wasser, Luchs und Bär – und den Menschen, die ihnen Hindernisse in den Weg legen oder sie verjagen wollen. Sie gewinnen die Herzen all derer, die ihnen gutwillig begegnen, bringen Glück den Ojibway-Indianern, Trost einem alten Einsiedler und Freude einem kleinen Mädchen.
Ähnliches ist geschehen und es geschieht immer wieder. Sheila Burnford ist mit dieser glücklichen Mischung aus erfahrener Tierpsychologie und poetischer Beschreibung eine Erzählung gelungen, die wahrhaftig wirkt und unvergeßlich bleibt – genauso wie die Bilder von der Schönheit der Landschaft und der Rauhheit der Wildnis im Nordwesten Kanadas.
Sheila Burnfords erfolgreiches Buch wurde von Walt Disney Pictures unter der Regie von Duwayne Dunham verfilmt. Es erschien erstmals im Jahre 1975 unter dem Titel *Die unglaubliche Reise* im Fischer Taschenbuch Verlag.

Sheila Burnford

Zurück nach Hause

Die unglaubliche Reise

Aus dem Englischen
von Micheline Maurits

Fischer Taschenbuch Verlag

Ungekürzte Neuausgabe
Veröffentlicht im Fischer Taschenbuch Verlag GmbH,
Frankfurt am Main, August 1993

Titel der amerikanischen Originalausgabe
›The Incredible Journey‹ erschienen bei
Little, Brown and Company, Boston
Lizenzausgabe mit freundlicher Genehmigung des
S. Fischer Verlages GmbH, Frankfurt am Main
© 1960, 1961 Sheila Burnford
Für die deutsche Ausgabe:
© 1962 Goverts Krüger Stahlberg Verlag GmbH, Stuttgart
Druck und Bindung: Clausen & Bosse, Leck
Printed in Germany
ISBN 3-596-12179-5

Gedruckt auf chlor- und säurefreiem Papier

MEINEN ELTERN I. P. UND W. G. C. EVERY
UND IHREN ENKELKINDERN
PERONELLE, JONQUIL UND JULIET GEWIDMET
DIE UNTER DER DESPOTISCHEN WEISSEN PFOTE
DES LIEBEN BILL AUFGEWACHSEN SIND

I

Diese Reise führte durch eine Gegend Kanadas, die im nordwestlichen Teil der weit ausgedehnten Provinz Ontario liegt. Dieses riesige Gebiet ist eine Wildnis mit endlosen Ketten einsamer Seen und reißenden Flüssen. Viele tausend Kilometer Landstraße, Holzwege, überwucherte Schienen, die zu stillgelegten Minen führen, und Pfade, die auf keiner Karte verzeichnet sind, schlängeln sich der Länge und Breite nach hindurch. Es ist ein Land mit abgelegenen Bauernhöfen, ein paar weit verstreuten kleinen Städten und Dörfern und den einsamen Hütten und Blockhäusern der Pelztierjäger. Seine Industrie beschäftigt sich hauptsächlich mit der Papierherstellung, und immer weiter arbeiten sich die großen Gesellschaften ins Innere der Wälder vor. Bergwerke beuten den Boden aus, Schürfer durchwühlen das Land, Trapper und Indianer wohnen dort; und manchmal lassen sich Jäger in kleinen Wasserflugzeugen auf den jungfräulichen Seen nieder. Es gibt Pioniere mit Visionen, die über die Spanne ihres eigenen Lebens hinausreichen, und es gibt die Schar jener, die der lärmenden Geschäftigkeit der Zivilisation für immer Lebewohl gesagt haben, um in der Wildnis unterzutauchen, der sie sich unwiderruflich ausgeliefert haben. Doch sie alle zusammen sind nicht mehr als eine Handvoll Sand am Strand des Ozeans. Meist herrscht für die wilden Tiere, die hier zu Unzähligen leben, Stille und Einsamkeit, und nichts stört ihren Lebensgang: Elche und Hirsche gibt es hier, Schwarz- und Braunbären, Luchse und Füchse; Biber, Bisamratten und Ottern, Zobel, Nerz und Marder. Wildenten und kanadische Gänse rasten hier, am Saume des zentralen Zugwegs. Die klaren Seen und Flüsse mit ihren baumbestandenen Ufern sind voll von Forellen der verschiedensten Arten, von Hechten und Weißfischen.

Fast ein halbes Jahr liegt die Erde unter einer Schneedecke, und oft bleibt die Temperatur wochenlang viele Grade unter Null. Es gibt eigentlich keinen Frühling, sondern nur einen ganz plötzlich einsetzenden Sommer; dann blüht alles in wilder Üppigkeit; aber ebenso plötzlich ist es auch wieder Herbst. Für viele, die hier leben, ist jedoch der Herbst mit seinen trockenen Sonnentagen und der erquickenden Luft der nördlichen Gegenden, mit strahlend blauem Himmel, treibenden Blättern und den verschwenderisch flammenden Farben der Bäume die glänzende Krone des Jahres.

Dies ist das Land, das unsere drei Reisenden durchzogen, und zwar im Herbst, in den Tagen des Indianer-Sommers*.

John Longridge wohnte einige Meilen von einer jener Kleinstädte entfernt in einem alten Steinhaus, das seit mehreren Generationen im Besitz seiner Familie war. Er war ein Mann von ungefähr vierzig Jahren, groß und von rauher Freundlichkeit, Junggeselle, von Beruf Schriftsteller, Autor mehrerer historischer Biographien. Er reiste viel, um Stoff für seine Bücher zu sammeln, kehrte aber, wenn er sich ans Schreiben machte, immer wieder in das gemütliche alte Steinhaus zurück. Während dieser Phasen schöpferischer Arbeit hatte er das Haus am liebsten ganz für sich. Seinen Haushalt versorgte daher schon seit mehreren Jahren ein Ehepaar mittleren Alters, Mrs. Oakes und ihr Mann Bert, die eine halbe Meile entfernt ein kleines Haus bewohnten. Mrs. Oakes kam jeden Tag zum Kochen und Saubermachen herüber. Bert kümmerte sich um die Heizung, um den Garten und

---

* Indianer-Sommer = eine Periode milden, dunstigen Wetters, die meist dem ersten spätherbstlichen Nachtfrost folgt, vor allem in Nordamerika.

erledigte, was sonst noch an kleinen Arbeiten anfiel. Sie gingen ihrer Arbeit nach, ohne Longridge zu stören, und zwischen ihnen herrschte vollkommenes Einverständnis.

Ende September, am Vorabend der unglaublichen Reise, saß Longridge am knisternden Feuer in der wohnlichen Bibliothek. Die Vorhänge waren zugezogen, Flammenschatten züngelten über die Bücherregale und spielten an der Decke. Nur eine kleine Tischlampe mit großem Schirm, die neben dem tiefen Lehnsessel stand, spendete Licht. Es war ein friedlicher Raum, und die Stille wurde nur dann und wann vom Knacken der Scheite oder vom Rascheln der Zeitung unterbrochen, die umzublättern für Longridge etwas mühsam war: auf seinen Knien hatte sich nämlich ein schlanker weizenfarbiger Siamkater zusammengerollt, die schokoladenbraunen Vorderpfoten ineinandergebogen, und seine Saphiraugen blinkten manchmal auf, wenn er ins Feuer sah.

Auf der Erde, den narbigen, knochigen Kopf auf dem einen Fuß des Mannes, lag ein alter, weißer englischer Bullterrier. Seine schiefen mandelförmigen Augen, die tief hinter den rötlichen Rändern ruhten, waren geschlossen. Ein großes dreieckiges Ohr fing den Widerschein des Feuers auf, so daß es innen zart rosa schimmerte. Wer nicht um die ziemlich sonderbaren Merkmale der Schönheit von Bullterriern wußte, hielt ihn sicher für einen seltsamen, wenn nicht sogar für einen sehr häßlichen Hund: das Profil nackt und stumpf, der Körper untersetzt, mit breiter Brust und spitz auslaufendem Schwanz. Aber ein Liebhaber dieser alten, ehrwürdigen Rasse hätte sofort den Adel dieses nicht mehr ganz jungen und ziemlich mitgenommenen Tieres erkannt. Er hätte ihm angesehen, daß er in jüngeren Jahren ein herrliches Exemplar dieser Rasse gewesen war, mit festen Muskeln und Sehnen, zu Kampf und Ausdauer erzogen; und er würde ihn ins Herz geschlossen haben, weil er eine so lustige Mischung von bösartigem, unnachgiebigem Streiter und doch so anhänglichem und fügsamem Hätschelkind der Familie war, vor allem aber wegen des unbezähmbaren Ausdrucks listiger Vergnügtheit, der in seinen schrägen Augen funkelte.

Der Bullterrier zuckte und seufzte oft im Schlaf, wie es alte Hunde zu tun pflegen, und nur selten blieb seine abgewetzte Rute mit der nackten Spitze unbewegt.

An der Tür lag noch ein Hund, die Schnauze auf den Pfoten, die braunen Augen geöffnet und, im

Gegensatz zu der Friedlichkeit, die von den anderen Insassen des Zimmers ausstrahlte, wachsam. Dies war ein großer, goldroter junger Labrador-Apportierhund, dem man das Erbe seiner tüchtigen Vorfahren an dem kräftigen Körperbau, dem edlen, breiten Kopf und dem tiefen, plumpen, weichen Maul ansah. Er hob den Kopf, als Longridge aufstand, die Katze mit einem Verzeihung heischenden Klaps auf die Erde setzte und vorsichtig den Fuß unter dem Kopf des alten Hundes vorzog, ehe er durch das Zimmer ging, um einen der schweren Vorhänge aufzuziehen und hinauszusehen.

Über den Bäumen am anderen Ende des Gartens ging gerade der riesige, orangefarbene Mond auf, und der leichte Wind ließ den Zweig eines alten Fliederbusches an die Fensterscheibe tippen. Es war hell genug draußen, um den Garten in allen Einzelheiten erkennen zu können, und er sah, daß in der kurzen Zeit, seit am Nachmittag das Laub zusammengeharkt worden war, schon wieder Blätter den Rasen bedeckten und nur noch ein paar tapfere Astern die Blumenbeete färbten.

Er wandte sich um, durchquerte das Zimmer und schaltete die Deckenlampe an. Dann öffnete er einen schmalen Schrank, der bis zur halben Höhe der Wand ging. Darin standen einige Gewehre auf ihren Ständern; er betrachtete sie nachdenklich und strich liebevoll mit den Fingern über das von seiner Hand glatt polierte Holz des Schaftes. Schließlich hob er eine schön ziselierte, mit Gravierungen geschmückte Doppelflinte heraus, »brach« sie auf und spähte durch die blinkenden Läufe. Wie auf ein Zeichen setzte sich der junge Hund geräuschlos auf und spitzte interessiert die Ohren. Mit einem Klicken, das gute Ölung verriet, schnappte der Lauf zurück, und der Hund winselte. Der Mann bereute sofort seine Unbedachtheit und stellte das Gewehr an seinen Platz zurück; der Hund streckte sich wieder aus. Enttäuscht wandte er den Kopf ab. Longridge ging zu ihm, um seine Gedankenlosigkeit zu entschuldigen; doch als er sich bückte, um den Hund zu streicheln, schrillte das Telefon plötzlich so laut in die Stille, daß die Katze ungehalten vom Sessel heruntersprang und der Bullterrier sich schwerfällig auf seine Füße stellte. Longridge nahm den Hörer ab, und man hörte Mrs. Oakes' atemlose Stimme, die von einem hohen wimmernden Summton begleitet war.

»Sie müssen lauter sprechen, Mrs. Oakes, ich kann Sie kaum verstehen.«

»Ich verstehe Sie auch kaum«, sagte die atemlose

Stimme ganz fern. »Ist es so besser? Ich schreie jetzt richtig. Wann fahren Sie morgen früh weg, Mr. Longridge? Wie bitte? Können Sie nicht etwas lauter sprechen?«

»Gegen sieben, ich möchte, bevor es dunkel wird, in Heron Lake sein«, schrie er und amüsierte sich über den empörten Ausdruck der Katze. »Aber Sie brauchen um diese Zeit noch nicht da zu sein.«

»Was sagten Sie? Um sieben? Genügt es, wenn ich erst gegen neun da bin? Meine Nichte kommt mit dem ersten Bus, ich würde sie gerne sehen. Andererseits möchte ich die Hunde nicht zu lange allein lassen.«

»Aber natürlich, Sie müssen Ihre Nichte treffen.« Er schrie es geradezu in den Hörer, denn das summende Geräusch wurde wieder lauter. »Mit den Hunden – das klappt schon. Ich lasse sie gleich als erstes morgen raus und –«

»Oh, vielen Dank, Mr. Longridge. Ich bin bestimmt gegen neun da. Was meinten Sie wegen der Tiere? (Hach, dieser verflixte alte Kasten!) Machen Sie sich keine Sorgen. Wir machen das schon, Bert und ich ... sagen Sie dem alten Bodger, daß wir Markknochen mitbringen. Warten Sie, ich will dem Telefonfräulein nur mal die Meinung sa–«

Aber gerade als Longridge ansetzte, um noch ein-

mal mit aller Kraft in die Muschel zu brüllen, brach die Verbindung ab. Erleichtert legte er den Hörer auf und sah zu dem alten Hund hinüber, der heimlich auf den Sessel geklettert war und es sich auf den Kissen bequem gemacht hatte. Mit zugekniffenen Augen erwartete er eine Strafpredigt. Longridge sprach mit der gebotenen Strenge, erklärte ihm, er sei ein gewissenloser Opportunist, ein genußsüchtiger Barbar, eine Schande für seine Eltern und Vorfahren, »und«, es folgte eine gewichtige Pause, »ein sehr – schlechter – Hund!«
Bei diesen letzten beiden Schreckensworten legte der Terrier die Ohren flach an den Schädel, wandte die Augen zur Seite, bis sie fast nicht mehr da waren, entblößte seine Zähne in einem apologetischen Grinsen und ließ das Ende seines erbärmlichen Schwanzes beben. Diese Parodie des Kummers verfehlte auch diesmal nicht ihre Wirkung: der Mann lachte und tätschelte den knochigen Kopf; dann lockte er ihn herunter, indem er ihm einen Gang ins Freie versprach.
So rutschte der alte Hund, dieser geborene Clown, halb vom Sessel herunter und, mit seinem Hinterteil noch auf den Kissen, stand er schwanzwedelnd da und schubste die Katze, die, mit halbgeschlossenen Augen und aufgerichtetem Kopf, wie eine

ägyptische Statue dasaß. Sie gab ein kehliges Knurren von sich und tappte nach der rosaschwarzen Hundenase. Dann folgten sie zusammen dem Mann zur Tür, wo der junge Hund schon wartete, um sich der kleinen Prozession anzuschließen. Longridge öffnete die Tür zum Garten, und die beiden Hunde und die Katze zwängten sich an seinen Beinen vorbei in die kalte Nachtluft. Er stand unter der vergitterten Vorhalle, und während er sie eine Zeitlang beobachtete, zog er ruhig an seiner Pfeife. Jeden Abend war es dasselbe Spiel: zuerst untersuchte jeder für sich ein paar Minuten die nähere Umgebung, bis sie sich zu einem unbestimmbaren Zeitpunkt alle wieder trafen, einen Augenblick innehielten, um gleich darauf durch ein Loch in der Gartenhecke in die dahinterliegenden Felder und Wälder davonzujagen. Er sah ihnen nach, bis sie in der Dunkelheit verschwanden (die weiße Gestalt des Bullterriers war noch zu erkennen, als Longridge die beiden anderen schon nicht mehr unterscheiden konnte), dann klopfte er seine Pfeife aus und trat wieder ins Haus. Es würde eine gute halbe Stunde dauern, bis sie zurückkamen.

Longridge besaß zusammen mit seinem Bruder eine kleine Hütte am Ufer des ungefähr dreihundert Kilometer entfernten Heron Lake. Zweimal im Jahr führten sie dort für zwei oder drei Wochen ein Leben, wie sie es liebten: sie verbrachten viele Stunden in freundschaftlichem Schweigen in ihrem Boot, im Frühjahr fischten sie und im Herbst gingen sie auf die Jagd. Sonst hatte er für gewöhnlich, bevor er losfuhr, nur das Haus abgeschlossen und Mrs. Oakes den Schlüssel dagelassen, damit sie ein- oder zweimal herüberkam, lüftete und heizte. Diesmal hingegen mußten die Tiere versorgt werden. Eigentlich wollte er sie alle drei in die Stadt in eine Hunde-Pension geben, aber Mrs. Oakes, die das ungewöhnliche Trio in ihr Herz geschlossen hatte, protestierte energisch und erklärte, sie wolle sich lieber selbst um sie kümmern, »anstatt die armen stummen Geschöpfe in irgend so einem Hungerkäfig vor Kummer eingehen zu lassen«.

Deshalb wurde beschlossen, daß sie und Bert sich um die drei Tiere kümmern sollten. Bert hatte ohnehin im Garten zu tun, so daß sie fast die ganze Zeit im Freien sein konnten. Mrs. Oakes sollte ihnen zu fressen geben und sie beaufsichtigen, wenn sie im Haus waren.

Als Longridge mit Packen fertig war, ging er in die Bibliothek zurück und zog die Gardinen zu. Sein Blick fiel auf das Telefon, und er dachte an

Mrs. Oakes: er hatte vergessen, sie zu bitten, Kaffee und noch einiges andere, was er aus dem Vorratsschrank genommen hatte, nachzubestellen. Er setzte sich an den Schreibtisch und griff nach einem kleinen Notizblock. »Liebe Mrs. Oakes«, schrieb er, »bitte besorgen Sie Kaffee und ersetzen Sie die Konservendosen, die ich mitgenommen habe. Ich werde die Hunde (und natürlich auch Tao)« – hier war der kleine Zettel zu Ende, er schrieb auf einem zweiten Blatt weiter – »noch mal rauslassen, bevor ich wegfahre und ihnen zu fressen geben. Lassen Sie sich also nicht von unserem unersättlichen weißen Freund weismachen, daß er am Verhungern ist! Machen Sie sich selbst wegen der Tiere nicht zuviel Sorgen – ich weiß, daß sie es gut haben werden.«

Bei den letzten Worten mußte er lächeln, denn an dem Bullterrier hatte Mrs. Oakes einen Narren gefressen. Der Schlingel wußte es und nutzte seine Chance!

Longridge ließ den Zettel auf dem Schreibtisch unter einem gläsernen Briefbeschwerer liegen. Auf ein schwaches Kratzen öffnete er die Tür. Der alte Hund und die Katze stürmten ins Zimmer, um ihn mit den gewohnten Sympathiekundgebungen zu begrüßen; sie brachten die frische Luft von draußen mit herein. Der junge Hund folgte gelassener, blieb etwas abseits stehen und beobachtete, wie der Bullterrier den Schwanz wie eine Peitsche gegen die Beine des Mannes schlug und der Kater sich schnurrend an ihn drückte; doch als der Mann ihn streichelte, wedelte er kurz und höflich mit dem Schwanz.

Die Katze ging in die Bibliothek und rollte sich vor dem warmen Kamin zusammen. Später, wenn die Glut abkühlte, würde sie sich auf den Heizkörper legen und gegen Mitternacht ins obere Stockwerk gehen, um ihren Platz neben dem alten Hund einzunehmen. Es hatte keinen Sinn, irgendeine Tür im Haus zu schließen, denn der Kater konnte sie alle öffnen, egal ob sie Klinken oder Knöpfe hatten. Nur vor Porzellanklinken kapitulierte er: an der glatten Oberfläche fanden seine langen Krallen keinen Halt.

Der junge Hund trottete zu seiner Matte in der kleinen Kammer hinter der Küche, der Bullterrier erklomm die steilen Stufen in die obere Etage. Als Longridge ins Bett ging, lag er schon zusammengerollt in seinem Korb. Als er fühlte, daß man ihm die alte Decke überlegte, öffnete er dankbar ein schräges, helles Auge, dann zog er den Kopf ein und wartete auf die Gelegenheit, die bald kommen würde.

Der Mann lag eine Weile wach und dachte über die nächsten Tage und Wochen und über die Tiere nach, denn die Trauer im Blick des jungen Hundes quälte ihn.

Vor über acht Monaten war dieses seltsame, liebenswerte Trio zu ihm gekommen. Sie gehörten einem alten Collegefreund, dem er sehr nahestand. Dieser Freund, Jim Hunter, war Englischprofessor an einer kleinen, ungefähr vierhundert Kilometer entfernten Universität. Da diese eine der bedeutendsten Handbibliotheken der Provinz besaß, wohnte Longridge oft lange bei den Hunters, außerdem war er der Taufpate ihrer neunjährigen Tochter Elisabeth. Er war gerade wieder einmal bei ihnen, als der Professor die Einladung erhielt, an einer englischen Universität eine Reihe von Gastvorlesungen zu halten, die einen fast neun Monate langen Aufenthalt in England notwendig machen würden. Es wurde beschlossen, die Tiere in Pension zu geben und das Haus an den englischen Austauschprofessor zu vermieten. Das löste bei Elisabeth einen Strom von Tränen, bei ihrem Bruder grimmiges Schweigen aus.

Longridge hing sehr an den beiden Kindern; er konnte ihren Kummer nachfühlen, denn in seiner etwas einsamen Kindheit hatte er sehr an einem

Cockerspaniel gehangen und entsetzlich gelitten, als er das erste Mal von ihm getrennt wurde.

Elisabeth war durch eigenen Beschluß die anerkannte Besitzerin der Katze. Sie fütterte und bürstete sie, sie ging mit ihr spazieren, und Tao durfte am Fußende ihres Bettes schlafen; Peter und der Terrier waren von dem Augenblick an, als das kleine weiße Hündchen zu Peters erstem Geburtstag ins Haus kam, unzertrennlich. Es verging kein Tag im Leben des Jungen, an dem Bodger nicht teilhatte. Der junge Labrador aber gehörte buchstäblich mit Leib und Seele ihrem Vater, der ihn von klein auf für die Jagd abgerichtet hatte.

Nun sollten sie sich von ihren Tieren trennen. Longridge beobachtete Elisabeths Gesicht, das sich zu einem Weinen verzog, und auf einmal hörte er in der beklommenen Stille eine Stimme – zu seinem Erstaunen war es seine eigene –, die erklärte, sie sollten sich keine Sorgen machen, nein, ja nicht, er würde sich schon um alles kümmern. Kannten ihn die Tiere nicht schon seit langer Zeit? Hatte er nicht viel Platz in seinem Haus und außerdem noch einen großen Garten? ... Mrs. Oakes? Die würde sich nur freuen, wenn die drei da wären! Alles würde wunderschön sein! Bevor die Hunters die Überfahrt antraten, sollten sie die beiden Hunde und die Katze im Wagen zu ihm bringen und selbst bestimmen, wo sie schlafen sollten; außerdem sollten sie eine Liste mit den nötigen Anweisungen aufstellen, und er, Longridge, würde die Tiere bis zu ihrer Rückkehr aus England betreuen und verwöhnen.

So waren die Hunters eines Tages herübergekommen und hatten die Tiere bei ihm abgeliefert; Elisabeth nahm tränenreich von Tao Abschied, Peter erteilte in der letzten Minute noch Instruktionen.

In den ersten Tagen bedauerte Longridge fast sein spontanes Angebot: der Terrier lag matt und teilnahmslos in seinem Korb. Die lange, gebogene Nase zwischen den Pfoten vergraben, begleitete er jede Bewegung von Longridge mit verzweifeltem, gequältem Blick. Der Kater machte ihn fast verrückt mit seinem unaufhörlichen ziegenähnlichen Gemeckere und Geheule, mit dem Siamkatzen ihren Schmerz ausdrücken. Der junge Hund aber saß mit hängendem Kopf an der Tür und verweigerte jede Nahrung. Nach ein paar Tagen jedoch schienen sie sich, vielleicht von Mrs. Oakes' freundlichen Lockrufen und ihren verführerischen Leckerbissen gewonnen, in ihr Schicksal zu fügen.

Die Katze und der alte Hund richteten sich in ihrer neuen Umgebung ein und zeigten sich gegenüber ihrem Adoptivherrn dankbar und anhänglich.

Nur eines schien der alte Hund nach wie vor zu vermissen: die Gegenwart von Kindern. Anfangs wunderte sich Longridge zuweilen, wenn Bodger nachmittags auf einmal verschwand. Schließlich aber bekam er heraus, daß der Terrier auf den Spielplatz bei der kleinen Dorfschule lief, wo er immer gerade eintraf, wenn Pause war. Da er wußte, daß ihm wegen seiner schlechten Augen und seiner Gewohnheit, hartnäckig mitten auf der Straße zu laufen, die Landstraße verboten war, schnitt er einfach den Weg ab und lief quer durch die Felder.

Der junge Hund benahm sich ganz anders. Er sehnte sich nach wie vor nach seinem Zuhause und nach seinem Herrn. Obwohl er ordentlich fraß und sein Fell vor Gesundheit glänzte, wahrte er stets eine würdige Distanz. Der Mann achtete seine Haltung, aber es bekümmerte ihn, daß der Hund ständig auf etwas zu warten und zu lauschen schien, das weit jenseits der angrenzenden Mauern und Felder lag. Des Hundes wegen war Longridge froh, daß die Hunters in etwa drei Wochen zurückkehren würden, aber er wußte, wie sehr ihm die kleine Adoptivfamilie fehlen würde. Die Tiere hatten ihm all die Monate nichts als Freude bereitet. Er mochte gar nicht daran denken, wie still sein Haus ohne sie wieder sein würde.

Der neugierige Mond sah durchs Fenster und warf blasse Lichtstrahlen in die Zimmer und auf ihre schlafenden Bewohner. Unten weckten sie die Katze. Sie gähnte, streckte sich und sprang elegant aufs Fensterbrett. Reglos sah sie in den Garten, die leuchtenden, etwas schrägstehenden Augen waren leicht geöffnet, nur die Schwanzspitze wippte auf und ab. Plötzlich machte sie kehrt und sprang mit einem Satz auf den Schreibtisch. Dabei warf sie, obwohl sie sich sonst nie eine Unachtsamkeit zuschulden kommen ließ, mit der Hinterpfote den gläsernen Briefbeschwerer zu Boden. Sie schüttelte kräftig die unartige Pfote und verstreute dabei Longridges Notizblätter. Das eine flatterte vom Schreibtisch und wurde von einem warmen Strom aus der Luftklappe aufgefangen, der es quer durchs Zimmer in den Kamin trug. Hier rollte es sich langsam zusammen und verkohlte, bis von dem Geschriebenen nur noch die fast unleserliche Unterschrift übrigblieb.

Als der Mond mit seinen bleichen Fingern in der

kleinen Küchenkammer über den jungen Hund strich, bewegte er sich im Schlaf, dann setzte er sich auf, mit gespitzten Ohren – und wartete horchend auf den Ton, der niemals kam: das hohe, durchdringende Pfeifen seines Herrn, für das er quer über den Erdball gerannt wäre, wenn seine angespannten Ohren es nur hätten hören können.
Schließlich schaute der Mond in das Schlafzimmer im oberen Stock, wo der Mann in seinem geräumigen Vierpfostenbett auf der Seite schlief. Hinter seinem Rücken hatte sich der alte, weiße Bullterrier, der die Bequemlichkeit liebte, zusammengerollt und schlief in selig-warmer Zufriedenheit.

II

Es war draußen leichter Nebel, als John Longridge, der im Kampf gegen seinen ungebetenen Bettgenossen um die Mitte des Bettes der Unterlegene geblieben war, am nächsten Morgen frühzeitig aufwachte. Während er sich eilig rasierte und ankleidete, sah er, wie der Nebel sich über die Felder zurückzog und die Morgensonne durchbrach. Es würde ein richtiger Herbsttag werden, ein Indianer-Sommer-Tag, warm und mild.

Unten an der Tür warteten schon die Tiere geduldig auf ihren Morgenauslauf. Er ließ sie ins Freie, dann bereitete er sich das Frühstück und aß es, wie immer, allein. Als sie von den Feldern heimkamen, lud er gerade in der Einfahrt das Gepäck in den Wagen. Er gab ihnen ein paar Biskuits, sie legten sich an die Hausmauer in die Morgensonne und ließen sich keinen Handgriff entgehen. Nachdem er das letzte Stück im Auto verstaut hatte (und er war froh, daß er die Jagdsachen und Gewehre bereits verpackt hatte, als der Labrador zurückkam), ging er zu seinen Zuschauern und strich einem nach dem anderen über den Kopf.

»Seid brav«, sagte er zu ihnen, »Mrs. Oakes kommt bald.« Und zu dem Labrador: »Lebwohl, Luath. Ich hätte dich gern mitgenommen, aber für drei ist das Boot zu klein.« Er legte die Hand unter die weiche Schnauze des Hundes. Unverwandt blickten ihn die goldbraunen Augen an. Dann tat der Hund etwas Unerwartetes: er hob die rechte Pfote und legte sie in die Hand des Mannes. Longridge hatte ihn das oft bei seinem eigenen Herrn tun sehen, und er war gerührt und sonderbar betroffen von diesem Zeichen des Zutrauens. Fast wünschte er sich, den Hund nicht gleich verlassen zu müssen, nachdem er gerade die erste entgegenkommende Geste gezeigt hatte.

Er sah auf die Uhr – es war schon spät. Daß die Tiere allein draußen blieben, machte ihm keine Sorgen, denn sie hatten noch nie über den weiten Garten und die angrenzenden Felder hinauszustreunen versucht. Wenn sie wollten, konnten sie ins Haus gehen, denn die Küchentür war eine von den Türen, die sich langsam mit einer Feder schließen. Er brauchte lediglich bei geöffneter Tür den inneren Bolzen vorzuschieben, dann schnappte sie nicht zu und ließ sich von außen aufdrücken.

Auch machten die Tiere einen zufriedenen Eindruck. Die Katze putzte sich gründlich hinter den Ohren, der alte Hund saß auf den Hinterpfoten und japste nach seinem Morgenlauf, während er seine lange rosa Zunge aus dem grinsenden Maul hängen ließ. Der Labrador lag ruhig neben ihm.
Longridge ließ den Wagen anspringen und winkte ihnen, als er langsam die Zufahrt hinunterrollte, noch einmal zu. Er kam sich ziemlich töricht vor: »Was denke ich mir eigentlich dabei?« fragte er sich lächelnd. »Sollen sie etwa zurückwinken? Oder auf Wiedersehen rufen? Ich habe eben zu lange allein mit den Dreien zusammen gelebt, und sie sind mir zu sehr ans Herz gewachsen.«
Der Wagen fuhr am Ende des von Bäumen gesäumten Zufahrtweges um die Ecke, und die Tiere hörten das Motorengeräusch in der Ferne verebben. Die Katze widmete jetzt ihre ganze Aufmerksamkeit einer Hinterpfote, der alte Hund hörte auf zu japsen und legte sich nieder; der Labrador blieb ausgestreckt liegen und bewegte nur die Augen, und manchmal zuckte seine Nase. Zwanzig Minuten vergingen, ohne daß sie sich rührten. Plötzlich erhob sich der junge Hund, streckte sich und blickte gespannt die Allee hinunter. So verharrte er ein paar Minuten, während

die Katze, eine Pfote noch immer in die Höhe gestreckt, aufmerksam in die gleiche Richtung sah. Schließlich ging er gemächlich die Auffahrt hinunter, blieb an der Wegbiegung stehen und wandte den Kopf zurück, als wolle er die beiden anderen auffordern, nachzukommen. Da stand auch der alte Hund auf, ein wenig steif in den Gliedern, und trottete hinterdrein. Seite an Seite bogen sie um die Ecke.

Die Katze rührte sich eine volle Minute nicht von der Stelle, nur ihre blauen Augen glänzten aus der leblosen schwarzen Maske. Dann sprang sie auf und folgte mit merkwürdig zögernden Schritten nach. Als sie um die Ecke kam, warteten die Hunde am Tor, der alte Hund blickte aufmerksam zurück, als hoffte er, seine Freundin, Mrs. Oakes, wäre mit einem saftigen Markknochen in Sicht. Doch als der Labrador sich auf den Weg machte, ließ er ihn nicht im Stich. Die Katze verweilte noch am Tor, mit zierlich erhobener Pfote, unentschlossen, fragend, zögernd; bis sie, einem plötzlichen Entschluß folgend, den Hunden nachlief. Alsbald verschwanden alle drei auf der staubigen Landstraße aus der Sicht und trotteten munter und entschlossen dahin.

Eine Stunde später kam Mrs. Oakes aus ihrem Häuschen den Fahrweg herauf. In ihrem Netz trug sie Schürze und Arbeitsschuhe und ein kleines Paket mit Leckerbissen für die Tiere. Das freundliche runde Gesicht blickte recht enttäuscht drein, denn für gewöhnlich gewahrten die Hunde sie schon lange, bevor sie ins Haus kam, und stürmten ihr zur Begrüßung entgegen.

Aber sie tröstete sich: »Mr. Longridge hat sie sicher im Haus eingeschlossen, bevor er heute früh losgefahren ist.« Indessen, als sie die Küchentür aufstieß und das Haus betrat, schien alles ruhig und still. Sie stand an der Treppe und rief, aber kein Getrappel antwortete ihr, nur die alte Uhr in der Diele tickte gleichmäßig. Sie suchte das ganze Haus ab, ging in den Vorgarten und stand dort mit gerunzelter Stirn und rief.

»Ach«, sagte sie laut in den leeren, sonnigen Garten, »sie sind vielleicht zu den Kindern in der Schule gegangen ... Aber was mich wundert«, führte sie einige Minuten später ihr Selbstgespräch auf dem Küchenstuhl fort, während sie ihre Schuhe zuschnürte, »was mich wundert, ist, daß Puss nicht da ist. Sonst hockt er doch um diese Zeit immer auf dem Fensterbrett. Wahrscheinlich ist er auf Jagd gegangen. Ich habe noch keine Katze ge-

sehen, die so aufs Jagen versessen war wie diese. Kommt mir irgendwie fast unnatürlich vor.«
Sie wusch schnell das wenige Geschirr ab, räumte es weg und brachte die Putzsachen ins Wohnzimmer. Dort fiel ihr Blick auf etwas Glänzendes, das neben dem Schreibtisch auf der Erde lag. Sie sah den Briefbeschwerer und schließlich das eine Notizblatt, das auf dem Schreibtisch geblieben war. Sie las es durch bis dahin, wo es zum Schluß hieß: »Ich werde die Hunde (und natürlich auch Tao) ...« Sie suchte nach der Fortsetzung. »Seltsam«, dachte sie, »wo will er sie nun mit hinnehmen? Die Katze hat bestimmt in der Nacht den Briefbeschwerer runtergeworfen – irgendwo muß hier noch ein Zettel rumliegen.«
Sie suchte im ganzen Zimmer, aber erst als sie einen Aschenbecher in den Kamin ausleerte, entdeckte sie das verkohlte Stück Papier. Sie bückte sich und hob es behutsam auf, denn es sah sehr brüchig aus. Trotz aller Vorsicht zerfiel es fast ganz, und sie behielt nur ein winziges Stück übrig, das die Anfangsbuchstaben J. R. L. trug.
»Nein, so was Komisches«, sagte sie kopfschüttelnd zu dem Kamin und rieb dabei kräftig die schwarzen Spuren auf den Kacheln weg. »Das soll doch sicher heißen, daß er sie alle mit nach Heron Lake

nimmt. Aber wieso das auf einmal, nachdem alles schon anders vereinbart war? Am Telefon hat er das mit keiner Silbe erwähnt, oder – Moment mal – er wollte gerade etwas über die Tiere sagen, da war die Leitung tot.«

Während sich Mrs. Oakes darüber wunderte, daß Longridge die Tiere mit in die Ferien nahm, überraschte es sie keineswegs, daß die Katze auch dabei war: Tao fuhr gern Auto und ging immer mit den Hunden mit, wenn Mr. Longridge mit ihnen irgendwohin fuhr oder Spaziergänge in die weitere Umgebung machte. Wie die meisten Siamkatzen war sie gehorsam, ging wie ein Hund bei Fuß und kam sofort auf einen Pfiff zurück.

Mrs. Oakes putzte, fegte und sprach zu dem leeren Haus, dann schloß sie es ab und machte sich auf den Heimweg. Wenn sie die Wahrheit gewußt hätte, wäre diese gütige, rechtschaffene Seele sicher zutiefst erschrocken gewesen. In ihrer Vorstellung saßen die drei Trabanten friedlich im Rückteil des Wagens; dabei hatten diese inzwischen viele Kilometer auf der nach Westen führenden einsamen Landstraße zurückgelegt.

Von der ersten Stunde an liefen die drei Tiere in einer Reihenfolge, die sie über viele Kilometer und Tage beibehielten. Der Labrador lief links neben dem alten Hund, denn der war auf dem linken Auge fast völlig blind. In einigen zehn Metern Abstand folgte ihnen die Katze. Wenn sie, was häufig geschah, von irgend etwas abgelenkt wurde, blieb sie ein paar Minuten stehen und holte die Hunde dann wieder ein. Sonst aber lief sie schnell und ausdauernd, den langen schlanken Leib und den Schwanz dicht über dem Boden.

Als der alte Hund offensichtlich ermattete, verließ der Labrador die stille Asphaltstraße und bog in einen schattigen Kiefernwald ein, den ein klarer, schneller Bach begrenzte. Der alte Hund stellte sich bis zur Brust ins Wasser und trank in tiefen Zügen, die Katze kletterte behende auf einen überhängenden Stein und reckte zum Trinken vorsichtig den Kopf. Dann legten sie sich alle drei in die dichten Tannennadeln unter den Bäumen, der Terrier schnaufend, die Augen halb geschlossen, die Katze mit ihrer endlosen Wäsche beschäftigt. So ruhten sie fast eine Stunde, bis die Sonne durch die Zweige über ihnen brach. Da stand der junge Hund auf, streckte sich und lief zur Landstraße zurück. Auch der alte Hund erhob sich steifbeinig, mit gesenktem Kopf. Leicht hinkend ging er zu dem wartenden Labrador und wedelte der Katze ermunternd mit dem Schwanz zu. Die Katze ignorierte ihn, sprang in einen Sonnenfleck, schlug mit der Pfote nach einem fallenden Blatt, lief dann auf die Hunde zu, um im letzten Augenblick abzubiegen und sich plötzlich wieder hinzusetzen.

Den ganzen Nachmittag liefen sie weiter – meist auf dem grasigen Streifen neben der einsamen Landstraße, manchmal auch, wenn der junge Hund mit seinem guten Gehör sie vor einem näherkommenden Wagen gewarnt hatte, in dem flachen, überwachsenen Straßengraben.

Inzwischen warf die Nachmittagssonne lange Schattenstreifen über den Weg. Die Katze bewegte sich noch immer in weichen, schnellen Sätzen vorwärts, auch der junge Hund war noch ziemlich munter, nur der Bullterrier wurde immer matter, sein Gang immer humpelnder. Sie wandten sich von der Straße ab in den Wald und gingen langsam durch eine Lichtung; nachdem sie sich durch das dichte Unterholz an ihrem Rand hindurchgearbeitet hatten, erreichten sie einen kleinen, offenen Platz: eine mächtige Rottanne hatte im Sturz ihre Wurzeln aus der Erde gerissen und ein tiefes Loch hinterlassen, in dem sich trockenes Laub und Nadeln gesammelt hatten.

In der Abendsonne, die durch die Zweige fiel, sah

das Plätzchen verlockend sauber und sicher aus. Einen Augenblick stand der alte Hund da und ließ den schweren Kopf hängen, sein Körper schwankte leicht, dann legte er sich in dem Loch auf die Seite. Die Katze grub nach umsichtiger Prüfung des Geländes eine Mulde in die Tannennadeln und rollte sich darin unter behaglichem Schnurren zusammen. Der junge Hund verschwand im Unterholz, kehrte aber sogleich mit tropfendem Fell zurück, um sich ein wenig abseits von den andern niederzulegen.
Noch lange keuchte der alte Hund und schüttelte die eine Hinterpfote, dann fielen seine Augen zu, das Schnaufen wurde immer seltener, und zu guter Letzt schlief er ein. Nur ein langer Schauder durchlief zuweilen seinen Körper.
Als die Dunkelheit hereinbrach, kam der Labrador und streckte sich neben ihm aus, während die Katze es sich zwischen seinen Pfoten bequem machte. So schlief der alte Hund warm und bequem und fühlte vorübergehend weder seinen schmerzenden, erschöpften Körper noch den Hunger.
In den nahen Bergen heulte traurig ein Wolf. Eulen riefen und glitten lautlos auf ausgebreiteten Schwingen vorbei; es wisperte und raschelte ringsherum die ganze Nacht hindurch. Einmal wurde der alte Hund von einem unheimlichen Wehklagen

geweckt, das wie das Greinen eines Babys klang. Winselnd und schauernd richtete er sich auf; aber es war nur ein Stachelschwein, das geräuschvoll und ungeschickt einen nahen Baumstumpf herabkletterte und, immer noch leise schreiend, davonwatschelte. Als er sich wieder hinlegte, war die Katze von seiner Seite verschwunden – noch ein nächtlicher Jäger, der durch die unruhigen Schatten schlüpfte, die erstarrten, wenn er vorüberkam.

Der junge Hund fuhr immer wieder aus dem Schlaf auf, seine Muskeln zuckten, er hob den Kopf und knurrte leise. Einmal sprang er laut heulend auf, worauf in der Ferne etwas aufspritzte; dann war wieder Stille. Und wer weiß, was sonst noch für fremde, unhörbare und unsichtbare Dinge ihm durch den Kopf gingen und ihm keine Ruhe ließen ... Fest stand nur eines für ihn: er mußte nach Hause, koste es, was es wolle, nach Hause zu seinem geliebten Herrn. Seine Heimat lag im Westen, das sagte ihm sein Instinkt. Aber er sagte ihm auch, daß er die beiden anderen nicht im Stich lassen durfte; auf irgendeine Weise mußte er sie mitnehmen.

III

Der Terrier wachte in der kalten Morgendämmerung auf. Er zitterte vor Kälte, spürte furchtbaren Hunger und Durst. Steif bewegte er sich zum nahen Teich. Unterwegs kam er an der Katze vorbei, die sich über etwas beugte, das sie zwischen den Pfoten hielt. Ihre Kiefer knackten. Der Terrier wedelte interessiert mit dem Schwanz und trat näher. Die Katze sah ihn abweisend an, dann stolzierte sie davon, ihm die Überreste lassend. Zur Enttäuschung des Terriers war es nichts als ein Haufen Federn. Nachdem er ausgiebig am Teich getrunken hatte, versuchte er es in seiner Gier auf dem Rückweg noch einmal mit den Federn. Aber sie blieben ihm im Schlund stecken, und er würgte sie wieder heraus. Er nagte an ein paar Grashalmen, dann zog er seine Lefzen wieder über das Gebiß und pflückte mit dem Maul vorsichtig ein paar überreife Himbeeren von einem niedrigen Busch. Er hatte sie schon immer gern genascht, doch wenn sie auch bekannt und vertraut schmeckten, so vermochten sie doch nicht seinen nagenden

Hunger zu stillen. Desto mehr freute er sich, als plötzlich der junge Hund auftauchte. Er wedelte mit der Rute und leckte ihm das Gesicht, dann folgte er ihm ergeben zur Landstraße. Wenig später kam die Katze hinterdrein, die sich nach ihrem gefiederten Frühstück das Maul leckte.

Im grauen Licht der Morgendämmerung trabten die drei Tiere die Landstraße entlang, bis sie an eine Stelle kamen, wo sie rechtwinklig abbog. Hier zögerten sie vor einem nicht mehr benutzten Holzpfad, der von der Straße ab nach Westen führte, dessen Zugang aber von überhängenden Zweigen fast völlig verdeckt war. Der Anführer der kleinen Gruppe hob den Kopf, und es schien, als ob er, um seiner Sache sicherzugehen, nach einem bestimmten Geruch forschte; und offenbar fand er ihn, denn er schlug mit seinen Begleitern den Seitenweg ein. Hier ging es sich weicher, denn in der Mitte war er mit Gras bewachsen, die Furchen zu beiden Seiten waren mit trockenen Blättern angefüllt. Die dichtgewachsenen Bäume, die oben fast zusammenstießen, würden mehr Schatten geben, wenn die Sonne höherstieg. Alle diese Dinge waren wichtig wegen des alten Hundes, der schon müde war, ehe sie sich überhaupt auf den Weg gemacht hatten. Und sein Gang war schon beträchtlich langsamer.

Gegen Mittag ruhten sie an einem Fluß aus. Beide Hunde waren hungrig und sahen neidisch zu, wie die Katze ein gestreiftes Eichhörnchen fing und tötete. Der Bullterrier näherte sich ihr mit hoffnungsvollem Schwanzwedeln. Doch die Katze zog sich knurrend mit ihrer Beute ins Gebüsch zurück. Verwirrt und enttäuscht saß der Terrier da und hörte die knackenden Laute im Buschwerk, während ihm der Speichel aus dem Mund lief. Nach einigen Minuten tauchte die Katze wieder auf und putzte im Sitzen fein säuberlich ihre Schnurrhaare. Der alte Hund leckte das schwarze Siamesengesicht mit seiner langen Zunge und wurde dafür zärtlich auf die Nase getätschelt. Vom Hunger umhergetrieben, durchstöberte er am Ufer des Flusses jedes Loch und jede Höhle, er drückte seine hoffnungsfrohe Nase in welkes Schilfgras und in lockere Maulwurfshügel. Traurig ließ er sich schließlich an einem wenig lohnenden Heidelbeerbusch nieder, fuhr mit den Pfoten über sein geschwärztes Gesicht und leckte Erde und Staub von ihnen ab.

Auch dem jungen Hund knurrte der Magen, aber er hätte erst am Verhungern sein müssen, ehe die Schranken fallen würden, die ihm sein tiefeingewurzeltes Labrador-Erbe setzte. Denn im Laufe vieler Generationen hatten seine Vorfahren gelernt, das Wild zu apportieren, ohne sich an ihm zu vergreifen – seinem Wesen waren daher alle Jagdgelüste fremd, und es widerstrebte ihm, zu töten. Mit tiefen Zügen trank er am Fluß, dann nötigte er seine Begleiter zum Aufbruch.

Der Pfad führte auf dem Kamm der hügeligen waldreichen Gegend entlang, und die Landschaft rings zu ihren Füßen zeigte Farben von überwältigender Schönheit: das Rot und Zinnober des verstreuten Ahorns; das Weiß der Birken, das Gelb der Pappeln, und hier und dort hoben sich die scharlachroten Trauben der Bergebereschen vom dunklen Hintergrund aus Tannen, Kiefern und Zedern ab.

Mehrmals kamen sie an Langholzrutschen vorüber, die seitwärts in den Bergrücken hineingebaut waren; dann mußten sie über die tiefen Furchen, die die Holzschlitten gegraben hatten, hinweg. Und manchmal kamen sie an verlassenen Gebäuden inmitten üppiger, übergrünter Lichtungen vorbei: es waren alte Ställe für die Pferde und Unterkünfte für die Männer, die hier vor ein paar Jahrzehnten gearbeitet hatten. Die Fenster waren zerbrochen, die Rahmen hingen schief, zwischen den Dielen wuchs Unkraut hervor, und sogar aus dem Feuerloch eines rostigen Herdes sproß Unkraut. Seltsamerweise hatten die Tiere eine Abneigung gegen diese Anzeichen menschlicher Behausung und machten, mit gesträubtem Fell, einen großen Bogen drumherum.

Am späten Nachmittag war das Gehen des alten Hundes nur noch ein mühsames Stolpern, und es schien, als ob allein seine Entschlossenheit ihn auf den Beinen hielt. Es war ihm schwindlig, er schwankte, sein Herz hämmerte. Die Katze mußte gespürt haben, wie schlecht es ihm ging, denn von nun an lief sie beständig neben den beiden Hunden her, ganz nahe bei ihrem schwankenden alten Freund, und gab ein besorgtes klagendes Blöken von sich.

Schließlich blieb der alte Hund an einer breiten Fahrrille stehen, die halb mit schlammigem Wasser gefüllt war. Er stand da, als ob er nicht einmal mehr die Kraft hätte, drumherum zu laufen. Sein Kopf sank herab, und sein ganzer Körper zitterte. Als er von dem Wasser lecken wollte, knickten seine Beine unter ihm zusammen, und er sackte in den Morast. Seine Augen waren geschlossen, sein Körper bewegte sich nur in den langen, schwachen Atemstößen, die in immer größeren Abständen kamen. Bald lag er vollständig schlaff und regungslos da.

Der junge Hund wurde jetzt fast wahnsinnig. Unter Geheul kratzte und scharrte er am Rand der Schlammrinne, er stieß den Terrier mit der Nase an und tat, was er konnte, um den bewegungslosen Körper aufzurütteln. Er bellte und bellte, die Katze maunzte, lief hin und her und rieb sich in ganzer Länge an dem schmutzverkrusteten Kopf. Alles umsonst. Der alte Hund lag bewußtlos da und rührte sich nicht.

Da verstummten die beiden Tiere und setzten sich hilflos neben ihn. Nach einer Weile liefen sie, ohne sich noch einmal umzusehen, in verschiedenen Richtungen davon: der Labrador verschwand im Unterholz, die Katze schlich einem Rebhuhn nach, das hundert Meter weiter unbekümmert im sandigen Staub des Weges pickte. Auf das schrille Warnsignal eines Eichhörnchens flog der Vogel hastig auf die Bäume zu. Unerschrocken setzte die Katze, im Vorgenuß der Beute die Lippen leckend, ihren Pirschgang um eine Wegbiegung fort und war bald nicht mehr zu sehen.

Die Schatten auf dem verlassenen Weg wurden länger, der Abendwind fegte ein Gestöber raschelnder Blätter über die Furche; in ihrer braunen Sprödigkeit waren sie leicht wie ein Segen, als sie über die teilnahmslose weiße Gestalt trieben. Das neugierige Eichhörnchen äugte verwundert von einem nahen Baum herab. Eine Spitzmaus lief auf den alten Hund zu, hielt an und machte auf halbem Wege kehrt. Sanfter Flügelschlag kündigte einen Eichelhäher an; er landete auf einem Birkenzweig, schwang sich mehrere Male auf und nieder und rief sein Weibchen, das nachkommen sollte. Der Wind verstummte, es trat Stille ein.

Plötzlich hörte man, wie sich eine schwere Masse durch das Unterholz drängte. In angstvoller Erregung rannte das Eichhörnchen, schrill plappernd, den Stamm hinauf, die Eichelhäher flatterten davon. Auf allen Vieren tollte ein halb erwachsenes Bärenjunges den Weg heran, die buschigen Ohren gespitzt, die kleinen, tiefliegenden Augen blitzend vor Neugier. Im Gebüsch hinter ihm scharrte und schnoberte etwas: es war die Alte, die einen morschen Baumstumpf untersuchte.

Einen Augenblick blieb der junge Bär stehen, dann näherte er sich zögernd dem Terrier. Er schnupperte hier und dort, rümpfte die empfindliche Nase über den fremdartigen Geruch, streckte die lange schwarze Tatze aus und gab dem weißen Kopf einen leichten Schlag. Für einen Augenblick verflogen die Nebel der Bewußtlosigkeit, und, die Ge-

fahr erkennend, öffnete der alte Hund die Augen. Erschrocken sprang der junge Bär zurück, um den Hund aus sicherem Abstand zu betrachten. Da dieser sich jedoch nicht weiter rührte, wagte er sich wieder heran und schlug diesmal kräftiger zu. Der alte Hund brachte es nur noch zu einem tapferen Zähneblecken. Als der aufgebrachte junge Bär mit der Tatze mutwillig über seine Schulter harkte, knurrte er schwach vor Schmerz und Zorn und versuchte, auf die Füße zu kommen. Der Blutgeruch, der der Wunde entströmte, erregte den Bär noch mehr; er setzte sich rittlings auf den Hund und nuckelte an dem langen weißen Schwanz wie ein Kind an seinem neuen Spielzeug. Aber auch hierauf geschah nichts: nachdem sich seine letzten Kräfte verzehrt hatten, fühlte der alte Hund weder Schmerz noch Schmach. Er lag da wie im Schlaf, die Augen verschleiert, die Lefzen noch immer zu einem Knurren aufgerollt.
Um die Wegbiegung kam die Katze, ein großes totes Rebhuhn am Flügel herbeiziehend. Der Flügel glitt aus ihrem Maul, als sie wie gebannt auf die Szene vor sich starrte. Im Bruchteil einer Sekunde fand eine furchtbare Verwandlung statt: ihre blauen Augen glitzerten riesig und unheilvoll in dem maskengleichen Schwarz ihres Gesichtes,

jedes Haar ihres weizenfarbenen Felles war gesträubt, so daß sie zweimal so groß erschien, als sie war. Selbst der schokoladenfarbene Schwanz plusterte sich auf, während er hin und her schlug. Sie duckte sich dicht auf den Boden, gespannt und bereit, und stieß einen hohen, ohrenbetäubenden Schrei aus; und als der erschreckte Bär sich umdrehte, sprang die Katze.

Sie landete auf dem dunklen Nackenpelz und krallte sich mit ihren affenähnlichen Hinterpfoten fest. Immer wieder fuhr sie ihm teuflisch fauchend und zischend mit den Krallen über Kopf und Augen, bis der junge Bär, blind von Blut, vor Angst und Qual aufjaulte und den unsichtbaren Peiniger mit den Tatzen abzuwehren versuchte.

Seine Schreie wurden von dröhnendem Gebrüll beantwortet: die riesige schwarze Bärenmutter brach durch das Gehölz und stürzte auf ihr Junges zu. Mit einem Schlag ihrer fürchterlichen Tatzen wollte sie die Katze vom Rücken ihres Kindes wegfegen, aber die Katze war zu flink für sie; mit wütendem Gefauch sprang sie auf den Boden und verschwand hinter einem Baum. So bekam der unselige Kopf des Bärenjungen die ganze Gewalt des Schlages ab, der es über die Furche ins Gebüsch schleuderte.

In blinder, verzweifelter Wut über den fehlgegangenen Schlag und von den Schreien ihres Jungen zur Raserei gebracht, suchte die Bärin etwas, woran sie ihre Wut auslassen konnte. Da fiel ihr Blick auf den regungslosen Körper des alten Hundes. Sie wollte sich ihm gerade brummend nähern, als die Katze mit einem plötzlichen Sprung neben die Wegspur ihre Aufmerksamkeit auf sich lenkte. Die Bärin blieb stehen, richtete sich zu voller Höhe auf, die roten Augen wild glitzernd, den Hals hochgereckt und den Kopf drohend hin und her rollend wie eine Schlange. Die Katze stieß noch einen todverkündenden Schrei aus und schritt steifbeinig, die Füße seitlich übereinandersetzend, näher, ohne die schrecklichen, schielenden Augen auch nur eine Sekunde von ihrem riesigen Gegner zu lassen. War es Furcht oder Unentschlossenheit, was sich auf einmal in den Augen des Bären spiegelte? Mit gesenktem Kopf schlurfte er einen Schritt rückwärts. Langsam, bedächtig und entschlossen folgte die Katze; wieder wich die Bärin, vom Gewimmer ihres Jungen irritiert, vor der Taktik dieses unnachgiebig Zentimeter um Zentimeter vordringenden kleinen Biests zurück. Da drückte sich die Katze, mit dem Schwanz schlagend, platt an die Erde, der Bär blieb ebenfalls stehen und schüttelte sich unbehaglich in Erwartung des Sprunges, vor dem er gern Reißaus genommen hätte; der Katze den Rücken zu kehren, fehlte ihm indessen der Mut. Ein plötzliches Knacken im Unterholz ließ das riesige Tier vor Furcht zu einer Statue erstarren – und als ein großer Hund aus dem Buschwerk sprang und mit gefletschten Zähnen und knurrend, jedes Haar seines rotbraunen kurzen Fells gesträubt, neben der Katze stand, fiel die Bärin auf alle Viere, drehte sich um und jagte ihrem Jungen nach. Ein letztes verzweifeltes Brummen und ein klägliches Schreien drang aus dem Buschwerk, dann verloren sich die Geräusche der fliehenden Bären in der Ferne. Schließlich war alles wieder still. Das neugierige Eichhörnchen hüpfte von seinem Ringrichterplatz und kletterte den Stamm hinunter.

Die Katze schrumpfte auf ihre natürliche Größe zusammen, sie blickte wieder gleichgültig und kühl. Verächtlich schüttelte sie erst die eine, dann die andere Pfote, sah kurz auf das schlaffe, schlammbespritzte Bündel zu ihren Füßen, dessen Schulter aus vier nebeneinanderliegenden Wunden blutete und schlenderte zurück zu ihrem Rebhuhn.

Der junge Hund beschnupperte seinen Freund von

oben bis unten. Vor dem strengen Bärengeruch zog er angewidert die Lefzen hoch. Er versuchte, mit seiner rauhen Zunge die Wunden zu stillen, und scharrte frische Blätter über die blutbefleckten Stellen. Dann bellte er am Kopf des alten Hundes, bekam aber keine Antwort. Schließlich legte er sich keuchend ins Gras. Seine Augen blickten unruhig und wachsam, das Fell stand ihm noch immer wie ein Kamm auf dem Rücken. Ab und zu jaulte er auf vor Ratlosigkeit. Er beobachtete, wie die Katze einen großen grauen Vogel dem bewußtlosen Hund fast bis vor die Nase zog und dann ohne Eile anfing, ihre Beute zu zerreißen. Der Labrador knurrte leise, aber die Katze aß unbeirrt weiter.
Bei dem verführerischen Duft rohen, warmen Fleisches kehrten dem Bullterrier die Lebensgeister zurück; er öffnete ein Auge und schnüffelte kennerhaft. Das hatte eine gleichsam elektrisierende Wirkung: seine schmutzige, abgenagte Rute fing an zu quirlen, und er hob seine Schultern, dann stellte er mit krampfhafter Anstrengung die Vorderbeine auf, wie ein altes Zugpferd nach einem Sturz. Erbarmungswürdig sah er aus: die Körperhälfte, die im Schlamm gelegen hatte, war schwarz und triefte, die andere war voll blutiger Streifen und Flecken. Ein wildes Zittern ging durch seinen gan-

zen Körper, aber in den tief eingesunkenen Schwarzen-Johannisbeer-Augen leuchtete ein schwacher Funken von Anteilnahme, die zusehends größer wurde, als er die Nase in das noch warme Bündel weicher grauer Federn steckte. Diesmal empfing ihn keine knurrende Zurechtweisung; die Katze setzte sich vielmehr geflissentlich ein wenig abseits und begann, gewissenhaft ihren Schwanz zu putzen. Wenn die Schwanzspitze nicht ruhig blieb, drückte sie sie mit der Pfote nieder.

Der alte Hund knackte die Knochen gierig mit den stumpfen Zähnen. Seine Gefährten konnten sehen, wie die Kraft langsam in den Körper zurückkehrte. Eine Feder am Maul, so döste er eine Weile vor sich hin, dann wurde er wieder wach und machte sich über den Rest her. Als die Dämmerung hereinbrach, war er kräftig genug, um zu der weichen Grasnarbe längs des Weges hinüberzugehen. Zufrieden legte er sich dort nieder und blinzelte glücklich zu seinen Begleitern hinüber, wobei er mit seinem armseligen Schwanz wedelte. Der Labrador legte sich neben ihn und leckte ihm die verwundete Schulter.

Ein, zwei Stunden später gesellte sich auch die Katze zu ihnen. Sie schnurrte und ließ noch einen köstlichen Bissen gleichgültig vor der Nase ihres

alten Freundes niederfallen. Es war eine Springmaus, ein kleines Wesen mit großen Augen und langen Hinterbeinen – wie ein Miniaturkänguruh. Der alte Hund schlang sie genußvoll mit einem Haps hinunter, und bald danach schlief er ein.
Die Katze aber, die an seiner Brust schnurrte, und der junge Hund, der sich hinter ihm zusammenrollte, blieben fast die ganze Nacht wachsam und alarmbereit. Keiner wich ihm von der Seite.

IV

Hunger war jetzt der vorherrschende Instinkt bei dem Labrador, und er trieb ihn in aller Frühe auf Nahrungssuche. In seiner Gier versuchte er ein paar Wildexkremente, aber angeekelt spie er sie wieder aus. In einem Tümpel voller Seerosen starrte ihn glotzäugig ein Frosch an. Der junge Hund maß sorgfältig den Abstand, sprang und schnappte den Frosch, als er sich in Sicherheit bringen wollte, in der Luft. Mit einem einzigen Schlucken verschwand er seine Kehle hinunter. Hoffnungsfroh sah er sich nach mehr um und suchte geduldig noch eine Stunde weiter. Zwei Artgenossen des Frosches blieben jedoch die ganze Ausbeute, so daß er hungrig zu seinen Gefährten zurückkehrte.
Allem Anschein nach hatten sie gespeist, denn rundherum lagen Federn, und die beiden leckten sich die Mäuler. Dennoch warnte ihn etwas, seinen alten Begleiter gleich zum Weitermarsch zu drängen. Der Terrier war noch immer sehr erschöpft, und außerdem hatte er durch die Wunden,

die ihm das Bärenjunge am Vortag mit seinen Tatzen beigebracht hatte, viel Blut verloren. Die Wunden waren von dunklem Blut verkrustet und gingen bei jeder Bewegung auf. So lag er diesen ganzen Tag friedlich im warmen Herbstsonnenschein, schlief und fraß, was die Katze Freßbares lieferte, und wann immer einer seiner beiden Gefährten näherkam, wedelte er mit dem Schwanz.

Der junge Hund verbrachte die meiste Zeit des Tages mit der Futtersuche, doch als er beim Einbruch der Dunkelheit noch immer so gut wie nichts erbeutet hatte, machte er sich niedergeschlagen auf den Rückweg. Da sprang plötzlich ein Hase, dessen Fell schon die weiße Winterfarbe annahm, aus dem hohen Gras auf und schnitt seinen Pfad. Mit fliegendem Schwanz, die Nase am Boden, nahm der junge Hund die Jagd auf, drehte sich und schlug Haken bei der Verfolgung, aber jedesmal war der Hase gerade noch außer Reichweite seiner hungrigen Kiefer. Schließlich legte er alle seine Kraft in einen letzten Sprung – und fühlte das warme pulsierende Opfer in seinem Maul. Was Generationen vor ihm gelernt hatten, war vergessen; die jahrelange Übung, die Zähne nie in Fell oder Federn zu graben, galt nicht mehr. Wie der Labrador so an dem warmen Fleisch zerrte und

es gierig hinunterschlang, hatte er einen Augenblick fast etwas von einem Wolf.
In der Nacht und fast den ganzen folgenden Tag ruhten sie an derselben Stelle aus. Glücklicherweise blieb es sonnig und warm. Am dritten Tag schien der alte Hund so gut wie genesen zu sein, und seine Wunden waren zugeheilt. Er hatte fast den ganzen Tag damit verbracht, ein bißchen herumzugehen und zu schlafen, so daß er jetzt fast ausgelassen schien und ganz begierig darauf, ein Stück zu laufen.
So verließen sie am späten Nachmittag den Platz, der sie drei Tage lang beherbergt hatte, und trotteten langsam den Weg weiter. Bei Mondaufgang hatten sie schon mehrere Meilen hinter sich gebracht und waren an einen kleinen See gekommen, der unmittelbar an den Weg grenzte.
Am jenseitigen Ufer stand ein Elch im Wasser zwischen den Seerosen. Scharf zeichnete sich das große, Schaufeln tragende Haupt und der wulstige Nacken vor dem Mondlicht ab. Ohne die merkwürdigen Tiere am anderen Ende des Sees zu beachten, stieß er immer wieder den Kopf ins Wasser und hob ihn nach jedem Eintauchen hoch in die Luft und bog seinen Hals zurück. Zwei oder drei Wasserhühner schwammen aus dem Schilf,

ein kleiner, behaubter Steißfuß schoß wie ein Teufel-in-der-Kiste neben ihnen aus dem Wasser auf. Das sich ausbreitende Wellengekräusel ihres Kielwassers fing das Mondlicht auf. Mit gespitzten Ohren saßen die drei und beobachteten, wie der Elch langsam aus dem seichten Wasser patschte, sich schüttelte, umwandte und majestätisch vom Ufer forttrabte.

Plötzlich drehte der junge Hund den Kopf zur Seite und zuckte mit der Nase. Seine feine Witterung hatte den fernen Geruch von Holzfeuer wahrgenommen – und noch etwas anderes, Unbestimmbares ... Sekunden später hatte auch der alte Hund die Witterung. Er erhob sich und schnupperte. Sein dünner Schwanz peitschte hin und her, und ein heller Glanz kam in die schrägen Schwarzen-Johannisbeer-Augen. Irgendwo, gar nicht weit, waren Menschen – seine Welt! Er konnte ihre Botschaft nicht falsch deuten, noch gar ihre Einladung ablehnen: ohne Zweifel kochten sie etwas.

Zielsicher steuerte er auf den verführerischen Duft zu. Der junge Hund folgte etwas zögernd, und dieses eine Mal überholte die Katze sie beide; ein bißchen mondsüchtig vielleicht, denn sie hatte auf der Lauer gelegen, um im gegebenen Augenblick hervorzuschießen und zuzuschlagen. Sie schlängelte sich auch sogleich wieder ins Dunkel zurück, um jedoch eine Sekunde später mit kunstvoll aufgerichtetem Schwanz wieder zu erscheinen. Beide Hunde ignorierten sie.

Der Abendwind trug ihnen einen Geruch zu, in dem sich der Duft von geschmorter Wildente und geröstetem Reis köstlich mit dem eines Holzfeuers vermischte. Die Tiere folgten dem Duft. Als sie, hungrig und schmachtend, einen Abhang hinabblickten, sahen sie in der Lichtung unter sich sechs oder sieben Feuer brennen. Ihre Flammen erleuchteten die halbkreisförmig vor einer dunklen Wand von Bäumen aufgestellten Zelte und konisch angelegten Schutzhütten aus Birkenrinde; sie flackerten über die Kanus, die am Ufer eines wilden Reissumpfes lagen, und färbten das Wasser rot; sie ließen die großflächigen braunen Gesichter der Ojibway-Indianer, die sich um diese Zentren der Wärme und Helle versammelt hatten, als rötliches Relief hervortreten.

Die Männer bildeten eine farbige Gruppe in ihren Jeans und bunt karierten Wollhemden, die Frauen aber waren dunkel gekleidet. Zwei kleine Jungen, die einzigen Kinder unter ihnen, gingen von Feuer zu Feuer und schüttelten die flachen Schüsseln mit dem Röstkorn. Wenn es anzubrennen drohte, rühr-

ten sie es mit Hölzern um. Ein Mann in langen weichen Mokassins stand in einer flachen Grube und trat, seinen Oberkörper auf einen Holzrahmen stützend, Maiskolben aus. Während einige auf ihren Ellbogen um die Feuerstätten lagen, rauchten, schläfrig vor sich hinsahen und sich leise miteinander unterhielten, waren andere noch mit Essen beschäftigt. Sie leerten den duftenden Inhalt eines schwarzen Eisentopfes auf Zinnteller, und ab und zu warf einer einen Knochen über die Schulter ins Gebüsch – die Tiere sahen ihm verlangend nach.
Am Rande der Lichtung schüttete eine Frau Korn von einer Holzschüssel in die andere; die leichte Spreu flog im sanften Wind wie Rauch davon.
Der alte Hund erkannte nichts von alledem, aber Ohren und Nase vermittelten ihm alles, was er wissen mußte. Er konnte sich nicht länger zurückhalten und ging, da seine Schulter noch immer wehtat, vorsichtig den Hügel hinunter. Auf halbem Weg mußte er heftig niesen, denn er war in einen Spreuwirbel geraten. Einer der Jungen, der am Feuer saß, blickte bei dem Geräusch erschrocken auf und langte nach einem Stein. Eine Frau sprach in scharfem Ton mit ihm, worauf er den Stein fallen ließ und gespannt wartete.
Der alte Hund hinkte aus dem Schatten des Ge-

büschs in den erleuchteten Halbkreis, zutraulich, freundlich und einer fröhlichen Begrüßung sicher. Sein Schwanz, ja sein ganzes Hinterteil war in Bewegung, Lefzen und Ohren zu einer Clownsgrimasse zurückgezogen.
Mucksmäuschenstill war es auf einmal – bis der kleinere Junge mit einem Angstschrei zu seiner Mutter stürzte und die Indianer aufgeregt durcheinander palaverten. Einen Augenblick war der alte Hund etwas unsicher und gekränkt, dann aber ging er hoffnungsfroh auf den größeren Jungen zu. Der griff wieder nach dem Stein und trat ängstlich zurück. Wieder wies die Frau ihren Sohn zurecht. Der scharfe Ton fuhr dem alten Hund in die Glieder, und er blieb verschüchtert stehen. Die Frau stellte ihren Korb ab, ging schnell durch den hellen Lichtkreis auf den Hund zu und bückte sich, um den Fremdling aus der Nähe zu betrachten. Sie sagte ein paar versöhnliche Worte, tätschelte seinen Kopf und lächelte. Der alte Hund lehnte sich an sie, schlug seinen Schwanz gegen ihre schwarzen Strümpfe und war glücklich, wieder mit einem Menschen in Berührung zu sein. Sie kauerte sich neben ihn und strich ihm leise über den Kopf. Als er ihr dankbar das Gesicht lecken wollte, lachte sie. Da war der Bann gebrochen. Die beiden kleinen

Jungen und die ganze Sippe versammelten sich um die beiden, und plötzlich stand er im Mittelpunkt des Interesses. Um sein Publikum nicht zu enttäuschen, spielte er seine Rolle nach bestem Können. Einer der Männer warf ihm ein Stück Fleisch zu, der Terrier setzte sich trotz seiner Schmerzen aufs Hinterteil und bat, eine Pfote in die Luft haltend, um mehr. Die Indianer konnten sich nicht halten vor Lachen, und er mußte die Vorstellung mehrmals wiederholen, bis er müde wurde und sich niederlegte. Er keuchte, aber er war glücklich.
Die Indianerin streichelte ihn zur Belohnung, fischte ein paar Fleischstücke aus dem Topf und legte sie ins Gras. Der alte Hund humpelte hin, doch bevor er zu fressen begann, sah er zu dem Hügel auf, wo er seine beiden Begleiter zurückgelassen hatte.
Ein kleiner Stein hüpfte von Fels zu Fels und rollte in die plötzlich eintretende Stille. Aus der Dunkelheit trat eine langbeinige, blauäugige Katze hervor. Sie stieß einen schrillen Klagelaut aus, dann ging sie auf den alten Hund zu und suchte sich in aller Ruhe ein Stück Fleisch aus. Wieder brachen die Indianer in schallendes Gelächter aus, die beiden kleinen Jungen rollten sich auf der Erde und pufften sich vor Begeisterung in die Rippen.

Die Katze ließ sich nicht in ihrer Mahlzeit stören und kaute unbeirrt ihr Fleisch, der Bullterrier aber, der solche Freudenausbrüche kannte, spielte mit. Als er sich jedoch gar zu übermütig am Boden wälzte, platzten die Wunden wieder auf. Blut rann über sein weißes Fell.

Die ganze Zeit über lag der junge Hund, obwohl er sich mit jedem Nerv seines Körpers gegen diese Verzögerung auflehnte, reglos auf dem Hügel und beobachtete die Szene. Er sah, wie sich die Katze, satt und zufrieden, auf dem Schoß des müden Jungen am Feuer zusammenrollte; er hörte einen Anflug von Spott in der Stimme einiger Indianer, als ein gebücktes altes Weiblein ernst auf die Umstehenden einredete, ehe sie zu dem alten Hund, der friedlich vor dem Feuer lag, hinüberhumpelte und seine Wunden untersuchte. Sie warf ein paar Rohrkolbenwurzeln in einen brodelnden Wasserkessel, weichte in dem Sud etwas Moos ein und legte es auf die dunklen Wunden. Der alte Hund rührte sich nicht, nur die Rute schlug ein wenig. Nach der Behandlung brockte die alte Frau noch etwas Fleisch auf ein Stück Birkenrinde und stellte es vor dem Hund ins Gras. Der stille Beobachter auf dem Hügel leckte sich die Lippen, aber er bewegte sich nicht von der Stelle.

Das Feuer brannte herunter, die Indianer bereiteten sich auf die Nacht vor, und noch immer machten seine Begleiter keine Anstalten zum Aufbruch. Ungeduldig lief der junge Hund wie ein Schatten durch die Bäume auf jener Anhöhe, und zwar mit dem Wind vom Lager weg, bis er einen halben Kilometer weiter am Ufer des Sees herauskam. Hier bellte er mehrmals scharf und gebieterisch.

Eine Alarmglocke hätte nicht durchschlagender wirken können. Die Katze sprang vom Arm des verschlafenen kleinen Indianerjungen und rannte zu dem alten Hund, der sich schon aufgerichtet hatte und ziemlich verdutzt blinzelte. Sie miaute kehlig, rannte vorweg, und erst als sie das letzte Feuer hinter sich gelassen hatte, wartete sie auf den Nachzügler. Der verließ widerwillig das warme Feuer, schüttelte sich und trottete ergeben hinterdrein. Die Indianer versuchten nicht, ihn aufzuhalten. Stumm und teilnahmslos sahen sie ihm nach. Nur die Frau, die ihn als erste so freundlich begrüßt hatte, rief dem Reisenden in ihrer Sprache leise einen Abschiedsgruß zu.

Als der Hund die Katze eingeholt hatte, sah er sich noch einmal um, aber wieder ertönte das gebieterische Gebell. Die beiden Tiere folgten ihm in die Dunkelheit.

In dieser Nacht wurden sie unsterblich, denn die Greisin hatte den alten Hund sofort an der Farbe und an seiner Begleiterin erkannt. Es war der Weiße Hund der Ojibways, der tugendhafte Weiße Hund des Omens, dessen Erscheinen Glück oder Not verheißt. Die Geister hatten ihn in einem erbärmlichen Zustand zu ihnen gesandt, um ihre Gastfreundschaft auf die Probe zu stellen. Als wohlwollenden Fingerzeig für die Skeptischen hatten sie ihm die Katze mitgegeben – denn welch ein sterblicher Hund hätte geduldet, daß eine Katze ihm sein Fleisch wegfraß? Er war willkommen geheißen, gefüttert und gepflegt worden: das Omen würde sich als günstig bewähren.

V

Die nächsten Tage der Reise verliefen ziemlich gleichförmig, ohne besondere Aufregungen oder Zwischenfälle. Im Morgengrauen verließ das Trio seinen Ruheplatz, dann wanderten sie in gleichmäßigem Tempo, das sich meist nach dem Schritt des alten Hundes richtete, bis zum Abend. Zum Schlafen bevorzugten sie die Höhlen unter entwurzelten Bäumen, wo sie sich, gegen den Wind geschützt, in das Laub hineinwühlen konnten.
Anfangs mußten sie öfter Ruhepausen einlegen, doch von Tag zu Tag wurde der Terrier wieder kräftiger. Nach einer Woche war er ganz abgemagert, aber die Wunden an der Schulter heilten, und sein Fell sah glatt und gesund aus. Tatsächlich war seine Verfassung besser als bei Antritt der Reise, und er wirkte jünger. Er hatte immer eine gesunde Natur gehabt, und auch jetzt machte er, wie er so gleichbleibend gutgelaunt durch den stillen Wald trabte, einen durchaus zufriedenen Eindruck. Der Magen knurrte ihm fast immer, aber die Katze, dieser geschickte kleine Jäger, versorgte ihn mit

Nahrung, die ihn zwar kaum jemals ganz befriedigte, aber bei seiner neuen Lebensweise doch ausreichend war.

Nur der ausgehungerte junge Hund litt wirklich, denn er war von Natur aus kein geborener Jäger und vergeudete viel unnütze Kraft an die Jagd. Meist nährte er sich von Fröschen, Mäusen und Resten, die ihm die beiden anderen gelegentlich übrigließen. Manchmal gelang es ihm auch, ein kleines Raubtier von seiner Beute fortzujagen; aber für einen so kräftig gebauten großen Hund waren diese Happen eine sehr unzureichende Nahrung, und seine Rippen begannen durch das leuchtende Fell zu treten. Wenn sich die beiden anderen schlafen legten, fand er keine Ruhe, denn sein ständiger Hunger trieb ihn immer wieder auf Futtersuche. Und wenn der weiße Hund, übermütig wie er war, die Katze aus Spaß knurrend und schwanzschlagend verscheuchte und sie sich in gespielter Angst auf den nächsten Baum rettete, blieb der Labrador abseits – wachsam, nervös und gespannt. Es schien, als könne er keinen Augenblick sein Ziel vergessen: sein Heim, seinen Herrn; dorthin ging er, dorthin gehörte er, alles andere zählte nicht. Wie ein Magnet zog ihn seine Sehnsucht westwärts, und unbeirrbar wie eine Brieftaube führte er seine Begleiter durch das wilde, unbekannte Land.

Die Katze schien für das Nomadenleben geboren zu sein. Sie war in guter Form, das Fell reinlich und gepflegt, und manchmal machte es fast den Eindruck, als würde sie dieses Unternehmen tatsächlich genießen. Hin und wieder ließ sie die Hunde ein, zwei Stunden allein, ohne daß sie sich um ihre Abwesenheit sorgten, denn früher oder später kehrte sie immer wieder zu ihnen zurück.

Meist wählten die drei Tiere verlassene Pfade, deren es in dieser fast völlig unbewohnten Gegend erstaunlich viele gab; gelegentlich bahnten sie sich ihren Weg auch direkt durch das Gehölz. Zum Glück hielt das warme Spätherbstwetter noch an, denn das kurze, dünne Fell des Bullterriers bot gegen Kälte nicht genügend Schutz; und wenn ihm auch schon ein dichterer Unterpelz zu wachsen begann, so würde der doch niemals genügen. Auch das Fell der Katze verdichtete sich, so daß sie massiger wirkte. Das Haarkleid des Labradors brauchte keine Verstärkung für den Winter. Es war, so wie es war, bereits allen extremen Witterungen angepaßt: die dicken, flachen Haare lagen so dicht nebeneinander, daß sie eine fast wasserundurchlässige Oberfläche bildeten.

Bei Sonnenschein waren die kurzen Tage freundlich und warm, die Nächte aber waren kalt. Als nachts einmal plötzlich scharfer Frost eintrat, litt der alte Hund derart unter der Kälte, daß sie ihren nächtlichen Ruheplatz bald, nachdem der Mond mit einem großen Hof aufgegangen war, wieder verließen und ihre Reise bis in den Tag hinein fortsetzten. Erst in der warmen Morgensonne legten sie sich zur Ruhe.

Schnell verloren die Blätter ihre Farben, und viele Bäume waren schon fast kahl, aber der blutrote Hartriegel und die Vogelbeeren leuchteten noch am Weg, und die wilden Herbstgänseblümchen und das Feuerkraut blühten. Viele Vögel des Waldes waren nach Süden gezogen; die übrigen sammelten sich zu großen Scharen und füllten die Luft mit ihrem ruhelosen Gezwitscher, während sie sich in langgestreckten Zügen bewegten, die plötzlich umbogen, um eine lärmende Wolke zu bilden, die unentschlossen auf- und niederstieg. Andere Tiere sahen sie selten. Der geräuschvolle Gang der Hunde warnte die scheuen Waldbewohner, und die wenigen, die sie trafen, waren zu sehr mit ihren Wintervorbereitungen beschäftigt, als daß sie den drei Fremdlingen viel Interesse entgegenbrachten. Der einzige Bär, dem sie begegneten, war weich und fett wie Butter und viel zu selbstgefällig und träge, um sich in seinen Gedanken an den Winterschlaf von fremden Tieren stören zu lassen. Er saß auf einem umgefallenen Baumstamm in der Sonne, sah die Tiere aus seinen tiefliegenden kleinen Augen verdöst an, gähnte und kratzte sich am Ohr. Die Katze konnte sich nicht so schnell beruhigen und brummte nach dieser Begegnung noch eine Weile ärgerlich in sich hinein.

Hasen und Wiesel hatten schon zu ihrem weißen Winterfell übergewechselt. Die ersten Schneeammern waren erschienen; und oftmals hatten sie den wilden, freien, jauchzenden Schrei der Wildgänse gehört und gesehen, wie am Himmel die langen, schwarzen, keilförmigen Züge auf der Reise nach Süden waren.

Wer nur zu Besuch nach dem Norden gekommen war, rüstete sich für die Heimreise; wer blieb, bereitete sich auf den langen Winter vor. Bald würde der Puls des Nordens langsamer schlagen und der Schnee alles wie mit Daunen zudecken. Dann schliefen die überwinternden Tiere, kaum atmend in ihrer tiefen Bewußtlosigkeit, wohlig warm in Löchern, Bauen und Höhlen.

Die drei Abenteurer schienen diese Vorbereitungen zu bemerken und ihren Sinn zu verstehen, denn soweit es die Kräfte des alten Hundes zuließen, beschleunigten sie ihren Schritt. An guten Tagen legten sie nicht weniger als fünfundzwanzig Kilometer zurück.

Seit sie das Indianerlager am Ufer des Reissees verlassen hatten, waren sie weder einem Menschen noch einer menschlichen Behausung begegnet – mit einer Ausnahme: Spätabends schnüffelten sie einmal, mitten im Wald, vor der unbeleuchteten Küchenbaracke eines Holzlagers um einen Abfalleimer herum. Streunende Bären waren kurz zuvor hier gewesen; ihr unangenehmer, scharfer Geruch hing noch in der Luft, und die Katze weigerte sich, auch nur einen Schritt näherzutreten. Der alte Hund aber stieß den schweren Kübel um und versuchte, mit geübter Nase den Deckel aufzumachen. Der Eimer schepperte auf dem steinigen Untergrund, und keiner der Hunde hörte, wie hinter ihnen in dem dunklen Haus die Tür aufging.

Plötzlich platzte eine Schrotladung durch den Boden des Kübels, der Deckel sprang auf, und der Eimerinhalt ergoß sich über den alten Hund. Wie vor den Kopf geschlagen stand er einen Moment – da prallte auch schon ein zweiter Schuß an das Metall und brachte ihn wieder zur Besinnung. In aller Eile schnappte er aus den Knochen, die überall verstreut herumlagen, einen heraus und raste mit solcher Geschwindigkeit hinter dem Labrador her, daß er ihn überholte. Ein Sprühregen von Schrotkügelchen kam hinterher und traf schmerzhaft ihr Hinterteil, so daß sie gleichzeitig einen Satz in die Höhe machten und das Tempo verdoppelten. Bald waren sie im Schutz des Gebüschs, aber sie liefen noch lange weiter, ehe sie sich endlich zur Nacht niederlegten. Der alte Hund war so ausgepumpt, daß er bis zum Tagesanbruch schlief. Die Schrotkugeln hatten nur vorübergehend wehgetan. Aber dieser Zwischenfall hatte die nervöse Wachsamkeit des jungen Hundes noch verstärkt.

Trotz seiner Vorsicht hatten sie einige Tage darauf wieder eine unverhoffte Begegnung. Sie tranken mittags aus einer seichten Furt, die den Weg zu einer stillgelegten Silbermine kreuzte; da sprang ein Kaninchen auf der anderen Seite aus dem Farnkraut. Der junge Hund setzte ihm nach; naßgespritzt beobachteten die beiden anderen die Jagd: der Hund mit gesenktem, der Hase mit erhobenem Kopf – so fegten sie, Jäger und Gejagter, wie an einem Faden gezogen, über die Ebene, bis sie zwischen den Bäumen verschwanden.

Der Terrier schüttelte sein Fell, die Katze bekam noch eine Dusche und stelzte wütend davon.

Der alte Hund war nun allein und für einen kurzen Augenblick frei von der ständigen Hast des Tages; er genoß seine Freiheit nach besten Kräften. Glücklich tappte er zwischen den flechtenbedeckten Steinen und den Moosbänken umher und kostete jeden Geruch mit seiner feinen Kennernase aus. Etwas unwillig stupste er einigen großen Rehpilzen die Hüte ab, dann zog ein glänzender, schwarzer Käfer für eine Weile seine Aufmerksamkeit an, und er folgte ihm wie ein Schweißhund. Das Interesse hielt jedoch nicht lange an, er setzte sich auf ihn drauf, gähnte und kratzte sich am Ohr. Dann rollte er sich faul in einer eingetrockneten Schlammlache. Plötzlich lag er ganz still, die Vorderpfoten schlaff herabbaumelnd und den Kopf in Richtung auf den Weg zurückgebogen. Um besser hören zu können, stellte er das zerknüllte Ohr auf, und schon vermerkte sein Schwanz die angenehme Vorahnung: es kommt jemand!
Er raffte sich auf und spähte kurzsichtig den Pfad hinunter, während der Schwanz sein Hinterteil hin und her bog. Dieser Willkommensgruß galt einem alten Mann mit einer Segeltuchtasche, der ein angeregtes Selbstgespräch führte. Klein und gebückt hinkte er an dem alten Hund vorbei, lüftete zum Gruß einen grünen Filzhut und nickte

ihm mit einem kurzen, besonders herzlichen Lächeln zu. Ein Meisenpärchen flatterte vor ihm von Baum zu Baum.

Der alte Hund schloß sich ihnen frohgemut an. In einiger Entfernung erschien bald die Katze; die Augen auf die Meisen gerichtet, kam sie herbeigerannt, und weit hinter ihr wiederum – triumphierend, doch äußerst mißtrauisch – der Labrador. Das tote Kaninchen hing ihm schlaff im Maul.

Eine halbe Meile ging es in dem kühlen grünen Waldtunnel weiter, dann wurden die Bäume spärlicher, und sie kamen an eine kleine Hütte, die im Blickfeld der verlassenen Gruben am Rande einer Lichtung lag. Nacheinander gingen sie durch den kleinen, sauber geharkten Garten und stiegen die wenigen Stufen zum Vorbau hinauf. Hier stellte der alte Mann seine Tasche ab, klopfte an die grüngestrichene Tür, wartete ein wenig und öffnete sie, höflich zur Seite tretend, um sein Gefolge vor sich eintreten zu lassen. Der alte Hund ging hinein, dicht an seiner Schulter die Katze, dann der alte Mann. Der junge Hund zögerte am Wege, die runden, mißtrauischen Augen blickten über die Beute in den Fängen weg; doch der Anblick der offenen Tür beruhigte ihn offenbar. Er legte das Kaninchen sorgsam hinter einem Gebüsch ab, scharrte eine Lage Blätter darüber und folgte den anderen. Erwartungsvoll standen sie mitten in der Hütte und sogen einen köstlichen Bratenduft ein.

Sie beobachteten, wie der alte Mann die Krempe seines Hutes abbürstete, ihn an einen Haken hing und zu einem kleinen glühenden Herd hinkte, um ein Scheit nachzulegen. Danach wusch er sich die Hände in einer Schüssel, die von einem Schöpfgefäß mit Wasser versorgt wurde. Er hob den Deckel von einem brodelnden Topf auf dem Ofen, und seine Zuschauer leckten sich erwartungsvoll die Lippen. Als er vier goldgeränderte Teller von einem Regal herunternahm, kam auf dem obersten Bordbrett ein Eichhörnchen hinter einem blauen Milchtopf zum Vorschein. Aufgeregt plappernd huschte es am Arm des Mannes entlang auf seine Schulter. Dort saß es und beschimpfte die Fremden mit glitzernden, eifersüchtigen Augen, sein kleiner gestreifter Körper bebte vor Wut. In der schwarzen Finsternis des Katzengesichts glühten zwei Lampen auf, der Schwanz flutschte hin und her, aber mit Rücksicht auf ihre Umgebung bezwang sie sich.

Der alte Mann schalt das Eichhörnchen zärtlich

aus und reichte ihm eine Brotkruste, die seine Backen aufblähte. Dann stellte er die vier Teller auf den Tisch und tat mit einem Löffel vier winzige Fleischportionen auf. Das Geschimpf des kleinen Tieres verstummte zu einem gelegentlichen mißbilligenden Quietschen; um die Katze im Auge zu behalten, lief es von einer Schulter auf die andere.

Der alte Hund wagte sich einen Schritt näher. Der alte Mann sah sehr klein aus, als er für einen Augenblick hinter einem hohen Lehnstuhl stand, die klaren kinderblauen Augen geschlossen und die Lippen bewegend.

Dann zog er den Stuhl vor und setzte sich hin. Unentschlossen sah er sich auf dem Tisch um. Auf einmal glättete sich seine Stirn, und er rückte die beiden anderen Stühle und eine Bank vor. »Setzt euch«, sagte er. Auf diesen vertrauten Befehl hin setzten sich die drei Tiere hinter ihm gehorsam nieder.

Der alte Mann aß langsam und wählerisch. Zwei Augenpaare verfolgten wie hypnotisiert den Weg der Gabel zum Mund; das dritte Augenpaar blieb auf das Eichhörnchen geheftet. Jetzt war der Teller leer, und der Mann lächelte nach allen Seiten; doch seine Zufriedenheit schlug in Bestürzung um, als er die drei unberührten Teller sah. Er betrachtete sie gedankenvoll, zuckte die Schultern und wechselte zum nächsten Platz über. Bald hatte er auch diesen Teller leer, und seufzend rückte er wieder weiter. Seine Gäste schienen festgewurzelt zu sein. Sogar dem alten Hund verschlug es die Sprache: obwohl er vor Erwartung bebte und ihm bei dem verheißungsvollen Duft der Speichel aus dem Maul rann, blieb er sittsam sitzen, wie Anstand und Erziehung es befahlen.

Der letzte Teller war abgespeist, doch der alte Mann verharrte, in seine eigene Welt versponnen, auf seinem Platz. Die friedliche Stille strömte auf die kleine Hütte über, und die Beobachter saßen wie geschnitzt auf ihren Plätzen. Draußen erhob sich etwas Wind, und die Tür flog weiter auf mit kreischenden Angeln. Ein Kernbeißer flog herein und ließ sich unter der Decke nieder. Der milde Herbstsonnenschein fiel schräg auf sein leuchtendes Gefieder, und fast schien es, als sei die erfüllte Stille des großen Waldes draußen mit dem Vogel durch die offene Tür hereingekommen. Die Tiere wurden unruhig und blickten hinter sich. Der schrille Schrei des Eichhörnchens zerriß die Stille, es kletterte am Geschirrschrank hinauf, und die Katze wollte gerade zum Sprung ansetzen, als sie sich im letzten Augenblick eines Besseren besann und hinter dem Kernbeißer zur Tür hinausschlüpfte.

Wie aus einem Traum gerissen, sprang der alte Mann auf. Er sah um sich, als wüßte er nicht, wo er war, und musterte erstaunt die beiden Hunde an der Tür. Ein langsames Erkennen dämmerte auf seinem Gesicht, er lächelte herzlich, obwohl sein Blick durch sie hindurch und über sie hinwegging. »Ihr müßt öfter kommen«, sagte er, und zu dem alten Hund, der bei der freundlichen Wärme in der Stimme mit dem Schwanz zu wedeln begann: »Empfehle mich deiner lieben Mutter.«

Er begleitete die Hunde zur Tür, und nacheinander marschierten sie vorbei mit gesenkten, starren Schwänzen. Langsam und mit großer Würde gingen sie den gewundenen Pfad hinunter, der sich zwischen Himbeersträuchern und Apfelbäumen zu dem grasüberwachsenen Weg hinzog. Hier warteten sie einen Augenblick. Der junge Hund scharrte verstohlen seine Beute hervor. Auch die Katze war plötzlich wieder da, und ohne zurückzublicken, trotteten sie, einer dicht hinter dem anderen, zwischen den Bäumen davon.

Nach fünfhundert Metern blieb der junge Hund stehen, sah sich vorsichtig nach allen Seiten um und ließ das Kaninchen aus dem Maul fallen. Mehrmals stieß er es mit der Nase an, dann drehte er es um. Einen Moment später lag sein blutbeflecktes Fell in Fetzen herum, und beide Hunde fraßen gierig, wohlig knurrend zermalmten sie ihren Anteil.

Die Katze saß da und bog ihre Krallen, während sie zusah. Dann setzte sie sich auf die Hinterbeine, streckte ihre Vorderpfoten in voller Länge gegen einen Baum aus und schärfte gründlich ihre Krallen an der Rinde. Ruckartig wandte sie den Kopf, hielt inne und lauschte auf ein Rascheln im trockenen hohen Gras: im Bruchteil einer Sekunde war sie schon im hohen Bogen losgesprungen, eine Pfote schnellte nach vorn, packte zu und hielt etwas, der Kopf war darübergebeugt; und das eben noch hörbare feine Quieken brach plötzlich ab. Ehe die Hunde begriffen hatten, was geschehen war, saß sie schon wieder unter ihrem Baum und putzte mit sanftgerundeten Pfoten die Schnurrhaare.

Am nächsten Tag ließen die Reisenden die Hügellandschaft hinter sich und kamen an einen von Norden nach Süden verlaufenden Fluß. Zum jenseitigen Ufer waren es ungefähr dreißig Meter, und obwohl der Fluß nicht außergewöhnlich tief war, konnten ihn die Tiere nur schwimmend überqueren.

Der junge Hund führte sie, nach einer Furt suchend, ein Stück flußabwärts, denn es stand fest, daß seine beiden wasserscheuen Begleiter, wenn sie es irgend vermeiden konnten, sich nicht einmal die Füße hätten naßmachen wollen. Ein-, zweimal sprang er in den Fluß und schwamm ein Stück herum. Augenscheinlich wollte er ihnen zeigen, wie leicht es war. Aber sie blieben, im Elend vereint, dicht nebeneinander am Ufer sitzen, und widerwillig, weil ihrer eigentlichen Richtung entgegengesetzt, mußte der Labrador weiter stromabwärts mit ihnen laufen.

Die Gegend war einsam und kaum besiedelt, so daß es auch keine Brücken gab, und der Fluß wurde eher breiter, während sie am Ufer entlangzogen.

Nach vier oder fünf Kilometern hielt es der junge Hund nicht mehr aus, er sprang in den Fluß und schwamm, wie eine Otter den Schwanz ausstrekkend, schnell und kraftvoll hinüber. Er fühlte sich im Wasser zu Hause und liebte es ebenso, wie die beiden anderen es verabscheuten. Ermutigend bellte er ihnen zu, aber der alte Hund winselte verzweifelt, und die Katze stimmte jaulend in sein Klagelied ein. Da schwamm der Labrador wieder zurück und paddelte im seichten Wasser nahe am

Ufer herum. Zaghaft stakste der alte Hund ins flache Wasser, zitterte erbärmlich und wandte den Kopf ab. Noch einmal schwamm der Labrador ans andere Ufer, kletterte heraus, schüttelte sich und bellte. Der Befehl schloß jedes Mißverständnis aus: Der alte Hund ging widerstrebend noch einen Schritt weiter voran, mit eingeklemmtem Schwanz, jämmerlich winselnd. Das Bellen hielt an. Wieder ging der Terrier ein Stück weiter. Der Labrador kam ihm zur Ermunterung entgegen. Dreimal schwamm er hin und her, und erst beim dritten Mal watete der alte Hund bis zur Brust im Wasser und begann zu schwimmen. Er war kein guter Schwimmer; seine kleinen Augen rollten ängstlich, er reckte den Kopf und schwamm mit abgehackten Bewegungen. Aber er war ein Bullterrier, ein »weißer Kavalier«, und er schwamm im Kielwasser des anderen. Als er das Ziel erreicht hatte, benahm er sich wie ein Matrose, der Schiffbruch erlitten und, nach sechs Wochen auf einem Wrack, zum erstenmal wieder festen Boden unter den Füßen hat. Er drehte sich im Kreis, rollte auf dem Rücken und rannte wie besessen durch das hohe Gras, um sich zu trocknen; schließlich gesellte er sich wieder zu dem Labrador und bellte nun seinerseits der Katze ermunternd zu.

Zum erstenmal auf dieser Reise zeigten sich bei der armen Katze jetzt Anzeichen von Furcht. Sie war allein, und wenn sie ihre Freunde wiedertreffen wollte, blieb ihr keine andere Wahl, als diesen scheußlichen Fluß zu durchschwimmen. Sie lief das Ufer hinauf und hinunter, unaufhörlich den unheimlichen Klagelaut der Siamkatzen ausstoßend. Der junge Hund exerzierte das ganze ermüdende Spiel noch einmal von vorn, schwamm hin und zurück und versuchte, die Katze hinüberzulocken. Aber die war außer sich vor Angst, und es dauerte lange, bis sie sich endlich entschloß. Zu guter Letzt sprang sie in blinder Verzweiflung, völlig unkatzenhaft, mit einem Satz ins Wasser. Dabei sah sie fast komisch aus, wie sie mit dem Ausdruck des Schreckens und des Abscheus auf den jungen Hund zuzurudern begann, der ein paar Meter weiter auf sie wartete. Sie erwies sich als eine überraschend gute Schwimmerin, die mit jedem Stoß Fortschritte machte – bis das Unglück hereinbrach.

Vor vielen Jahren hatte eine Biberkolonie ein kleines Flüßchen gestaut, das etwa drei Kilometer stromaufwärts in den Fluß mündete. Seit die Biber weg waren, hatte sich der Damm gelockert und war immer mehr zusammengeschrumpft, bis es schließlich nur noch eine Frage der Zeit war, wann er ganz nachgeben und das überflutete Hinterland entwässern würde. Nun gab durch eine Laune des Schicksals ein vermoderter Baumstamm nach, und unter dem zusätzlichen Druck bauchte sich der Damm in der Mitte aus. Als die beiden Tiere fast die Mitte des Stroms erreicht hatten, brach er gänzlich. Die eingepferchte Kraft des befreiten kleinen Nebenflusses preßte sich in einem immer breiter werdenden Gießbach durch die Lücke und brauste, alles vor sich hertragend, in den Fluß hinein. Sie schwoll zu einer gewaltigen Woge an, die auf ihrem Kamm junge Bäume, abgerissene Zweige, Teile der Böschung und des Biberdammes mit sich trug.

Der junge Hund sah die dahinstürzende Woge ein paar Sekunden, bevor sie ihn erreichte. Um die Katze zu schützen, versuchte er instinktiv, gegen den Strom zu schwimmen. Aber obwohl er wie ein Wahnsinniger kämpfte, kam er zu spät, und die große wirbelnde Flut brauste über sie hinweg und tauchte sie in ein Chaos von Trümmern. Ein Astende traf die Katze mitten auf den Kopf; sie wurde hinunter- und wieder hinaufgeschleudert, blieb schließlich an einem halb untergetauchten Teil des alten Dammes hängen und wurde mit der Strömung davongetragen.

Der alte Hund, der die Katastrophe, ohne etwas zu sehen, instinktiv geahnt hatte, bellte verzweifelt und watete bis zur Brust in den Strom. Doch von der Kraft des brodelnden Wassers zurückgestoßen, zog er sich, dem Ersticken nahe, ans Ufer zurück.

Ein so guter Schwimmer der junge Hund auch war – es gelang ihm nur mit größter Anstrengung, ans Ufer zurückzukommen. Fast tausend Meter wurde er mitgerissen. Als er wieder festen Boden unter den Füßen hatte, jagte er sofort los, um die Katze zu suchen.

Mehrmals sah er ihre kleine Gestalt halb im Wasser dahintreiben, aber nur an einer Stelle, wo das wrackartige Stück des Biberdammes an einem vorstehenden Ast hängenblieb, kam er in ihre Nähe. Er sprang ins Wasser, doch als er sie fast erreicht hatte, riß sich die schwimmende Insel los und eilte strudelnd mit der Strömung davon.

Der Hund blieb immer weiter zurück, bis der Fluß in eine felsige Schlucht eintrat und ihm den Weg abschnitt. Er mußte landeinwärts laufen; doch als er am anderen Ende der Schlucht anlangte, war von der Katze keine Spur mehr zu sehen.

Es war fast dunkel, als er umkehrte, um den Terrier wiederzufinden; der kam ihm besorgt entgegengelaufen. Der Labrador war erschöpft, hinkte und war so mitgenommen, daß er den Gruß des vereinsamten alten Hundes kaum erwiderte, sondern sich auf die Erde fallen ließ; seine Flanken bebten, und er stand erst wieder auf, als der Durst ihn ans Wasser trieb.

Sie blieben diese Nacht, wo sie waren, am Ufer des Flusses, und fanden nach dem aufregenden Nachmittag endlich Frieden. Eng aneinandergerollt wärmte einer den anderen. Später kam ein leichter Wind auf, und es begann zu nieseln. Vor dem kalten Regen flüchteten sie sich unter die schützenden Zweige einer alten Fichte.

Gegen Mitternacht wachte der alte Hund auf; er zitterte vor Kälte, warf den Kopf zurück und heulte seine Verlassenheit und seinen Schmerz in den tiefhängenden, weinenden Himmel. Der junge Hund verstand ihn. Lange bevor es dämmerte, führte er ihn vom Fluß weg über die Hügel nach Westen.

VI

Viele Kilometer stromabwärts stand an der Flußseite, zu der die Hunde hinübergeschwommen waren, ein kleines, von Äckern umgebenes Haus. Seine solide, etwas strenge Fassade wurde nur von scharlachroten Geranien und einer leuchtend blauen Tür aufgehellt. Auf der Rückseite stand ein Holzschuppen, zum Fluß zu ein Saunahäuschen. Der Gemüsegarten, die jungen Obstbäume und die mit Baumstümpfen und Steinen säuberlich eingegrenzten Felder stellten winzige Wunder des Sieges der Ordnung gegen die immer wieder vordrängende finstere Waldwildnis dar.

Reino Nurmi und seine Frau lebten hier – so stark und unnachgiebig wie das Haus, das sie aus selbstgefällten Stämmen erbaut, so ordentlich und genügsam wie die Felder, die sie der Wildnis abgerungen hatten. Sie hatten den Urwald gezähmt, und dafür lieferte er ihnen Holz und in Wildfallen ihre kärgliche Nahrung. Aber es war ein nie endender Kampf, ihn in der Unterwerfung zu halten.

Auch in dem neuen Erdteil blieben sie stets Finnen und vertauschten nur die Einsamkeit und die weiten, verlassenen Wälder des einen Landes gegen die des anderen. Mit der neuen Welt jenseits ihres Besitzes traten sie nur durch ihre zehnjährige Tochter Helvi in Verbindung. Helvi ging jeden Tag die vielen Meilen durch das menschenleere Land allein zum Schulbus, und durch sie faßten sie fester Fuß in der Sicherheit der neuen Welt; aber einstweilen waren sie zufrieden in dem engen Kreis, den ihre Arbeit ihnen zog.

An jenem Sonntagnachmittag, als der Biberdamm brach, hatte Helvi freie Zeit und war unten am Fluß; sie ließ flache Kiesel über das Wasser hüpfen und sehnte sich nach einem Spielkameraden, denn es war nicht immer ganz einfach, im Wettkampf mit sich selber fair zu sein.

Das Ufer fiel an dieser Stelle ziemlich steil ab, so daß ihr die gurgelnde Strömung, die sich durch eine rollende Woge ankündigte, nichts anhaben konnte. Sie stand da und blickte fasziniert auf dieses Schauspiel. Gerade wollte sie ihrem Vater davon berichten, als sie ein Bündel Trümmer gewahrte, das von einem Rückwärtsstrudel herumgewirbelt worden war und nun von ein paar Felsblöcken am Uferrand aufgehalten wurde.

Sie konnte obenauf so etwas wie einen kleinen, kraftlosen Körper erkennen; sie rannte an dem brodelnden Wasser entlang, um ihn aus der Nähe zu betrachten. Dann kletterte sie die Uferböschung hinunter und betrachtete voll Mitgefühl das nasse, schmutzige Wesen. Sie überlegte, was es sein könnte, denn ein solches Tier hatte sie noch nie gesehen. Schnell zerrte sie das Gewirr aus Ästen und Zweigen ein Stück weiter ans Land und rannte, ihre Mutter zu holen.

Frau Nurmi war gerade auf dem Hof an dem alten Herd, auf dem sie die Pflanzenfarben für ihre Webarbeiten und die Schalen und Abfälle für die Hühner kochte. Sie folgte Helvi und rief ihrem Mann zu, er solle sich auch einmal dieses seltsame Tier ansehen, das eine nicht alltägliche Sturzwelle angespült hatte.

Er kam mit dem sich Zeit lassenden Schritt und dem ruhigen, nachdenklichen Gesicht des Landmannes näher und betrachtete gemeinsam mit den anderen schweigend den kleinen, schlaffen Körper, das schmutzverklebte Fell, unter dem sich seine Magerkeit abzeichnete, die zarten Schädelknochen und den dünnen, jämmerlich weggestreckten Schwanz mit der gebogenen Spitze. Plötzlich bückte er sich, legte ihm leicht die Hand auf und schob prüfend die Lider über einem Auge mit zwei Fingern auseinander. Dann wandte er sich um und sah Helvis ängstliches, fragendes Gesicht nahe bei seinem, darüber das ihrer Mutter: »Lohnt es sich, eine ertrunkene Katze zu retten?« fragte er sie. Helvis Mutter nickte lebhaft und auch Helvis Augen bettelten. Da packte er wortlos das kleine triefende Bündel und ging zur Hütte zurück. Helvi sollte voranlaufen und ein paar trockene Säcke holen.

Er legte die Katze nahe bei dem Herd in die Sonne und rieb sie kräftig mit dem Sacktuch, wobei er sie von einer Seite auf die andere drehte, bis das Fell nach sämtlichen Richtungen stand und wie ein zerfleddertes altes Halstuch aussah. Nachdem er sie fest in einen Sack eingewickelt hatte und die Mutter die zusammengepreßten Kiefer auseinandergebracht hatte, goß Helvi ein wenig warme Milch und kostbaren Alkohol die kalte, bleiche Kehle hinunter.

Sie beobachtete, wie ein Zucken durch den Körper lief, dem ein schwaches Husten folgte; und sie hielt vor Erregung den Atem an, als die Katze würgte und sich wie in Krämpfen schüttelte, wobei ein schwaches Rinnsal Milch seitwärts am Maul erschien. Reino legte den verkrampften Körper über sein Knie und fuhr mit sanftem Druck über den Brustkorb. Die Katze würgte wieder, rang nach Luft, bis sie plötzlich einen Strahl Wasser ausspie. Reino lächelte zufrieden. Er reichte Helvi das eingepackte Bündel und ermahnte sie, das Tier eine Weile am warmen Ort still liegenzulassen – vorausgesetzt, daß sie sich immer noch eine Katze wünsche.

Sie faßte den Herd an, er war noch warm, obwohl das Feuer längst ausgegangen; dann legte sie die Katze auf einem Einsatz hinein und ließ die Tür offen. Die Mutter ging ins Haus, um das Abendbrot zu richten, und Reino ging die Kuh melken; Helvi aber saß im Schneidersitz vor dem Herd, kaute ängstlich an ihrem Zopf und wartete. Jeden Augenblick steckte sie die Hand in den Ofen, um die Katze anzufassen. Sie lockerte die Säcke oder strich über das weiche Fell, das unter ihren Fingern wieder zum Leben erwachte.

Nach einer halben Stunde wurde sie belohnt; die Katze öffnete die Augen. Helvi beugte sich vor: die schwarzen Pupillen zogen sich langsam zu Stecknadelköpfen zusammen, und ein Paar auffallend lebendige blaue Augen sahen sie an. Unter ihren sanft streichelnden Händen fühlte Helvi ein kehliges Beben, dann hörte sie ein schwaches, rauhes, aber deutliches Schnurren. Aufgeregt rief sie ihre Eltern.

Noch eine halbe Stunde, und die kleine Finnin hielt eine schmusende, schnurrende Siamkatze im Arm, die schon zwei Schälchen Milch getrunken – normalerweise verachtete sie Milch und trank nur Wasser – und sich von Kopf bis Fuß geputzt hatte. Bis die Nurmis um den gescheuerten Fichtenholztisch beim Abendbrot saßen, hatte ihr Gast schon einen Teller mit gehacktem Fleisch leer. Mit ihrer seltsam klagenden Stimme bat die Katze um mehr. Heftig schielend und den Schwanz in der Luft wie eine Standarte, schlängelte sie sich um die Tischbeine herum. Helvi war von ihrem sanften Wesen entzückt und nahm sie auf den Schoß.

Diesen Abend gab es bei den Nurmis frischen Hecht, den Helvis Mutter nach alter ländlicher Sitte mit dem Kopf gekocht und mit Kartoffeln garniert hatte. Helvi tat den Fischkopf mit ein wenig Sauce und Kartoffeln in eine kleine Schale und stellte sie auf die Erde. Bald war der Fischkopf unter zufriedenem Knurren verschwunden, dann folgten die Kartoffeln. Zum Schluß drückte die Katze die Schale mit einer Pfote herunter und leckte sie blank. Endlich gesättigt, streckte sie sich in ihrer ganzen Länge, so daß sie wie ein Wappenlöwe aussah. Dann sprang sie auf Helvis Schoß, rollte sich zusammen und schnurrte laut.

Damit hatte sie den letzten Widerstand der Eltern überwunden, in deren Lebensweise es bisher für ein Tier, das nicht dafür arbeitete, daß es gehalten wurde, das anderwärts als im Stall oder in der Hütte lebte, weder Zeit noch Platz gegeben hatte. Zum erstenmal besaß Helvi ein Tier, das nur ihr Spielgefährte war.

Beim Schlafengehen nahm Helvi die Katze mit sich hinauf. Als sie die steile Leiter zu ihrem kleinen Zimmer unter dem Dach hinaufstieg, legte sich die Katze zutraulich um ihre Schultern. Zärtlich wurde sie in eine alte Wiege gepackt, und da lag sie, in schläfriger Zufriedenheit, nur das dunkle Gesicht hob sich von einem Puppenkissen ab.

In der Nacht wachte Helvi von einem lauten Schnurren an ihrem Ohr auf, und sie fühlte, wie die Katze hinter ihrem Rücken im Kreis herumlief. Der Wind blies ihr einen kalten Regenschauer ins Gesicht; sie lehnte sich vor und schloß das Fenster. In der Ferne hörte sie einen Wolf heulen – so fern, daß der Wind den dünnen hohen Ton sogleich davontrug. Fröstelnd legte sie sich wieder zurück und zog die mollig wärmende Katze eng an sich.

Als Helvi am nächsten Morgen ihren weiten Schulweg antrat, lag die Katze zwischen den Geranien auf dem Fensterbrett. Sie hatte eine große Schüssel Hafergrütze aufgefressen, und ihr Fell glänzte in der Sonne, als sie es schläfrig leckte. Ihre Blicke folgten Frau Nurmi, die sich im Haus zu schaffen machte. Als sie aber mit einem Wäschekorb hinausging und sich umblickte, sah sie, wie der Kater auf den Hinterpfoten stand und ihr nachsah, während sein Maul lautlos auf- und zuging hinter dem Fenster. Frau Nurmi fürchtete um ihre Geranien, lief zurück und öffnete schnell die Tür, an der er bereits kratzte. Sie hatte halb erwartet, daß er das Weite suchen würde; statt dessen folgte er ihr zur Wäscheleine und setzte sich schnurrend neben den Korb. Er folgte ihr auf ihrem Weg vom Haus zum Futterherd, vom Stall zum Hühnerhaus. Als sie ihn aus Versehen einmal aussperrte, jammerte er kläglich.

Und so ging es den ganzen Tag: Die Katze folgte den Nurmis wie ein Schatten bei ihren Verrichtungen, unerwartet tauchte sie an irgendeinem günstigen Beobachtungspunkt auf – dem Eggensitz, einem Kartoffelsack, auf der Futterkrippe oder am Brunnenrand – und ließ die Augen nicht von ihnen. Frau Nurmi war gerührt von dem so deutlichen Verlangen des Tieres nach Gesellschaft. Daß es sich in dieser Hinsicht so ganz unkatzenhaft benahm, schrieb sie seinem fremdartigen Aussehen zu. Ihr Mann ließ sich dagegen nicht so leicht täuschen: ihm war der ungewöhnlich intensive Ausdruck der blauen Siamaugen aufgefallen. Als ein vorbeifliegender Rabe den Katzenlaut nachahmte und sie nicht aufsah und dann später im Stall auf ein Rascheln im Stroh hinter ihr nicht achtete, da wußte Reino, daß sie taub war.

Mit ihren Schulbüchern unterm Arm und dem Essenkännchen in der Hand, rannte Helvi fast die ganze Strecke quer durch die Felder nach Hause und packte sich auch noch die Katze auf, die ihr zur Begrüßung entgegenkam. Während sie die abendliche Arbeit im Haus erledigte, balancierte die Katze auf ihrer Schulter. Ungestört durch ihr Gewicht fütterte Helvi die Hühner und sammelte die Eier ein, sie holte Wasser, und schließlich setzte sie sich an den Küchentisch, um getrocknete Pilze aufzufädeln. Vor dem Abendbrot ließ sie die Katze auf die Erde, und nun merkte sie, daß ihr Vater recht hatte. Die gespitzten Ohren nahmen keinen Laut wahr; dagegen reagierte sie auf jede Schwingung in der Luft: Helvi brauchte bloß in die Hände zu klatschen oder ein Kieselsteinchen auf die Dielen zu werfen.

Als das Abendbrotgeschirr gespült war, setzten sich Helvis Eltern in der kurzen Pause vor dem Zubettgehen an den Ofen, und Helvi las ihnen aus zwei Büchern vor, die sie aus der fahrenden Bibliothek entliehen hatte, und übersetzte dabei ins Finnische. Die Katze hatte sich zu ihren Füßen auf dem Rücken ausgestreckt. Leise klang die Stimme durch die dämmrige Hütte und entführte sie aus dem Lichtkegel der Öllampe in die Helle fremder Länder ...

Sie hörten von seefahrenden Siamkatzen, die ihre Passagen über die ganze Welt abarbeiteten, sie hörten von den kleinen Hängematten, die ihre menschlichen Backkameraden ihnen flochten und anbrachten, denn als Schiffskatzen zogen sie sie allen anderen vor. Sie hörten von dem großen stolzen siamesischen Rattenfänger-Korps, das mit nie ermüdender Wachsamkeit die Docks von Le Havre patrouillierte; vor ihren in die Ferne träumenden Augen sahen sie die Wachkatzen im alten Kaiserreich Siam auf ihren affenartig langen Beinen durch die fontänengeschmückten Innenhöfe der alten Paläste schreiten, die Mosaiken mit ihren samtweichen Pfoten zu schimmernden Bahnen der Jahrhunderte polierend. Und zuletzt erfuhren sie, wie diese edelgeborenen Tiere zu dem Knick in ihrem Schwanzende kamen und ihn an alle ihre Nachfahren vererbten.

Bewundernd sahen sie beim Zuhören nieder zu ihren Füßen, wo auf dem Flickenläufer ein solches Tier flach ausgestreckt auf seinem königlichen Rücken lag. Der erhabene Schwanz zuckte müßig, die Augenkleinode waren auf Helvis Hände gerichtet, die die Seiten umblätterten, die von seinen Vorfahren, den Wachkatzen der siamesischen Prinzessinnen, erzählten. Jede Prinzessin pflegte vor dem Bad im Palastteich ihre Ringe zur Bewahrung auf die Schwänze ihrer Begleitkatzen zu stecken, und diese stolzen Geschöpfe nahmen ihre Pflicht so ernst, daß sie die Schwanzspitze zur Seite bogen, um das anvertraute Gut so noch sicherer zu bewahren. Und mit der Zeit nahmen diese treuen Schwänze für immer die gebogene Form an, und die ihrer Kinder und ihrer Kindeskinder ...

Bewundernd strichen die Nurmis einer nach dem anderen über den Schwanz des Tieres, um die Wahrheit in der gebogenen knorpligen Spitze zu fühlen. Dann stellte Helvi der Katze ein Schüsselchen Milch hin, und nachdem sie sie mit königlicher Herablassung getrunken hatte, trug Helvi sie auf der Leiter in ihr Zimmer.

In den folgenden beiden Nächten lag die Katze friedlich zusammengerollt in Helvis Arm. Während Helvis Abwesenheit den Tag über begleitete sie die Eltern des kleinen Mädchens überallhin. Im Wald zog sie hinter der Mutter her, als sie nach Pilzen suchte. Als sie einen Korb Maiskolben schälte, setzte sie sich zu ihr auf die kleine Treppe und tappte nach den heruntergefallenen Körnern. Sie folgte Reino und seinem Arbeitspferd durch die Felder zu der Waldparzelle und setzte sich auf einen frischgefällten Stamm. Sie rollte sich vor der Stalltür zusammen und sah zu, wie der Mann die Fallen ölte und das Pferdegeschirr ausbesserte. Gegen Abend wartete sie dort auf Helvis Rückkehr – ein seltenes, schönes Rätsel im täglichen Einerlei. Sie gehörte zu ihnen.

Doch in der vierten Nacht war sie ruhelos; sie schüttelte den Kopf, kratzte die Ohren, und ihre Stimme war klagend hinter Helvis Rücken. Schließlich legte sie sich hin. Laut schnurrend drückte sie ihren Kopf in die Hand des kleinen Mädchens; das Fell hinter ihren Ohren war feucht. Helvi sah die Dreiecke ihrer Ohren sich scharf gegen das kleine Viereck des Fensters abheben und beobachtete, wie sie bei jedem noch so leisen nächtlichen Geräusch zitterten und zuckten. Beglückt, daß ihr neuer Spielkamerad das Gehör wiedergefunden hatte, schlief sie ein.

Später in der Nacht wachte Helvi auf, denn sie vermißte etwas Wärmendes neben sich. Sie sah die Katze geduckt am offenen Fenster sitzen und über die bleichen Felder und die hohen dunklen Bäume unten hinausblicken. Ihr langer gekrümmter Schwanz schlug hin und her, als sie die Entfernung bis zum Boden maß. Helvi wollte gerade unwillkürlich die Hand nach ihr ausstrecken, als sie sprang und mit einem leisen Aufschlag unten ankam. Helvi blickte ihr nach und sah, wie sie zum erstenmal auf ihren Ruf den Kopf herumdrehte und dann die Augen, die wie Rubine leuchteten, wenn das Mondlicht hineinfiel, wegwandte, und plötzlich wußte Helvi, daß die Katze sie nicht mehr brauchte. Durch eine Flut von Tränen sah sie das Tier wie ein Gespenst sich in der Richtung des Flusses, der es gebracht hatte, davonstehlen. Die flach dahinhuschende Form verlor sich zwischen den Schatten.

VII

Die zwei Hunde waren sehr niedergeschlagen, als sie ihre Reise ohne die Katze fortsetzten. Vor allem der alte Hund ließ den Kopf hängen, denn die Katze war seit vielen Jahren sein Spielgefährte gewesen – von dem Tag an, als ein wütend fauchender kleiner Kater mit drollig schwarzbestrumpften Beinen und einem fast völlig weißen Körper zu den Hunters kam. Diese Erscheinung hatte sich geweigert, vor dem eifersüchtigen Bullterrier – einem eingefleischten Katzenfeind und Schreck der gesamten Katzenwelt in der Umgebung – auch nur einen Zentimeter zurückzuweichen. Statt dessen war sie auf ihn zugekommen, und ihr winziger Körper hatte die äußerste Bereitschaft gezeigt, eine Schlacht zu liefern, und der Hund kapitulierte – zum ersten und zum letzten Mal in seinem Leben.

An diesem Tag knüpfte sich das Band zwischen ihnen, und sie waren von nun an unzertrennlich. Da auch das Kätzchen seinen Stammesgenossen erstaunlicherweise keine Sympathien entgegenbrachte, schlossen die beiden sich zu einem übermütigen Paar zusammen, das beständig Krieg gegen die Katzen führte. Wenn sie irgendwo zusammen erschienen, entvölkerte sich plötzlich die Nachbarschaft, nicht nur von Katzen, sondern auch von Hunden. Im Lauf der Jahre hatte sich ihr Kampfgeist gelegt, sie benahmen sich weniger unduldsam und achteten nur noch darauf, daß man ihnen die pflichtgemäße Ehrung entgegenbrachte, von der sie meinten, daß sie ihnen zukäme. Einzig den netten jungen Hund nahmen sie einige Jahre später in ihre Gemeinschaft auf. Doch so gern sie ihn hatten – die Zuneigung, die sie beide zueinander hatten, war ganz anderer Natur.

Nun waren die beiden Hunde ganz auf sich gestellt. Der Labrador tat sein Bestes und versuchte, den Terrier in die Kunst des Mäuse- und Froschfangs einzuführen, aber der alte Hund hatte viel zu schlechte Augen, als daß er es darin weit hätte bringen können. Aber sie hatten mehr Glück als gewöhnlich: einmal überraschten sie einen großen Marder gerade in dem Moment, als er ein Stachelschwein tötete. Der scheue Marder verschwand mit einer einzigen schnellen, fließenden Bewegung als sie herankamen und überließ ihnen das tote, aufgebrochene Stachelschwein. Es war ein richtiges

Fest für die Hunde, denn so zartes, süßes Fleisch hatten sie bis dahin kaum je gekostet.

Ein andermal fing der junge Hund eine Rohrdommel. Wie zu einem Bild erstarrt, hatte der Vogel am Rande eines Sees gestanden, der lange Hals mit dem schlanken Kopf ging in einer Linie in den gestreckten Körper über, und nichts bewegte sich außer dem furchtsam blinzelnden Auge. Er flog auf, als der Hund sprang; aber sein schrecklich unbeholfener Flug, bei dem die langen Beine schleiften, war nicht schnell genug. Das Fleisch war zäh und schmeckte nach Fisch, aber es wurde alles gierig verschlungen, und nichts blieb übrig als Schnabel und Füße.

Eines Tages kamen sie an einem kleinen Bauernhof vorbei, wo der junge Hund in seinem Hunger alle Vorsicht vor den Menschen aufgab, über ein freies Feld lief und eines der Hühner stahl, die im Blickfeld des Hauses auf dem Acker pickten. Die Hunde waren noch über das Bündel blutiger Federn gebeugt, da hörten sie eine ärgerliche Stimme und sahen die Gestalt eines Mannes am andern Ende des Feldes, vor dem ein schwarzer Collie herrannte, der knurrte, als er sich ihnen näherte.

Der junge Hund straffte sich für den unvermeidlichen Angriff. Ein paar Meter vor ihm duckte sich der Collie, fletschte die Zähne und sprang dann an die verletzliche Kehle vor ihm. Der junge Hund war seinem Instinkt und Körperbau nach ein hoffnungslos schlechter Kämpfer, denn so stark und schwer er auch war – sein Maul war dafür gebildet, Wildvögel zu tragen, und die Struktur seines Kiefers mit den weichen schonenden Lippen war für einen Kampf sehr nachteilig. Einzig die dicken Hautwülste am Hals vermochten ihn gegen die rasiermesserscharfen Zähne seines Angreifers zu schützen.

Nur zu schnell verlor er an Boden; man merkte, daß er durch das unzureichende Futter entkräftet war und seine Ausdauer nachließ. Er lag auf dem Rücken, der Collie war über ihm, bereit, ihm den letzten Biß zu geben, als der alte Hund eingriff. Bisher war er nur ein interessierter Zuschauer gewesen, der vom rein professionellen Standpunkt aus lebhaftes Interesse hatte; denn für einen Bullterrier ist ein guter Kampf Fleisch und Trinken. Nun aber leuchteten die Schwarzen-Johannisbeer-Augen streitlustig auf, er straffte den untersetzten Körper und taxierte den Sprung mit der Meisterschaft langgeübter Praxis.

Wie ein Stahlgeschoß flog das weiße massige Bündel Kampfgeist dem Collie an den Hals. Von dem

Zusammenprall wurde der schwarze Hund umgeworfen, als wäre er leicht wie eine Feder; der begeisterte Bullterrier heftete seine Fänge an den kräftigen Hals unter ihm und schüttelte den Kopf hin und her; aus einem Augenwinkel sah er, daß der Labrador wieder auf den Beinen stand. Aber die Zähne des Bullterriers waren stumpf geworden, und unter Anspannung aller Kräfte warf der Collie ihn ab. Kaum berührten die Füße des alten Hundes den Boden, da sprang er wieder zu dem schrecklichen Halsgriff los, mit einem Elan, als seien die Jahre von ihm abgefallen und er wieder in der Blüte seiner Kampfeszeit. Noch einmal zwang er den Collie nieder, doch diesmal biß er fester zu und schüttelte seinen mächtigen Kopf, bis der Hund unter ihm würgte und beinahe erstickte. Mit verzweifelter Anstrengung rollte sich der Collie auf die Seite, ohne den stummen weißen Blutegel abschütteln zu können. Er kam wieder auf die Füße; der Terrier lockerte seinen Griff und ging weg, ihm arrogant den Rücken zuwendend, aber seine Augen schielten verschlagen in dem flachen Kopf, so daß er fast wie ein Reptil aussah. Der Collie stand zitternd, Blut tropfte von seinem Hals, und er wartete, daß ihn sein Herr schütze. Er war immer ein mutiger Hund gewesen, aber noch nie hatte er so stumme, bösartige Attacken erlebt wie diese.

Der Labrador hielt die Sache damit für erledigt und wäre lieber weitergezogen, aber der Bullterrier hatte noch nicht genug und betrachtete abschätzend den Collie. Dann siegte der Humor in ihm, und er wandte einen alten Kampftrick seiner Rasse an, den er für Gelegenheiten in petto hatte, bei denen er seinen Feind nicht töten, sondern ihm nur einen Denkzettel erteilen wollte. Als würde er seinem eigenen Schwanz nachjagen, so drehte er sich schneller und schneller im Kreis, und dann näherte er sich wie ein wirbelnder Derwisch dem entsetzten Collie, raste gegen ihn, und durch die Wucht des Ansturms schleuderte er ihn einige Meter weit; seinen Vorteil wahrnehmend, führte er am Ende jeder Drehung noch einen weiteren Zusammenprall herbei. Von dieser beispiellosen Angriffstaktik bis ins Mark erschrocken, nutzte der Collie den Bruchteil einer Sekunde zwischen zwei Drehungen und floh, den Schwanz fest zwischen die Beine geklemmt, zu seinem Herrn, der ihn mit einem Klaps auf den ohnehin brummenden Schädel empfing.

Ungläubig sah der Farmer den beiden Bösewichtern nach, die sich querfeldein in den schützenden

Wald davonmachten: der junge Hund mit einem blutigen, zerfetzten Ohr und mehreren tiefen Bissen an den Vorderbeinen, der glückliche alte Krieger dagegen munter und ohne eine Schramme. Als der Mann das Federbüschel sah, schleuderte er der weißen Masse in plötzlicher Wut seinen Stock nach, aber im Laufe seines langen Lebens waren nach so vielen Kämpfen so viele Stöcke dem Bullterrier nachgeworfen worden, daß er, ohne den Kopf zu wenden, instinktiv auswich und gemächlich weitertrabte. Sein rundes Hinterteil schwenkte er frech und vergnügt.

Dieser Kampf trug entscheidend dazu bei, daß die Lebensgeister des alten Hundes wieder erwachten. Noch am gleichen Abend fing er sich eine Feldmaus zum Abendessen; er schleuderte sie mit einem so gekonnten Schlag in die Luft, daß es selbst seinen Ahnen Ehre gemacht hätte, die hundert Jahre früher in sechzig Minuten sechzig Ratten zur Strecke gebracht hatten.

Trotz der schmerzhaft entzündeten Wunden schien auch der junge Hund glücklicher zu sein. Vielleicht kam es daher, daß der Westwind in dieser Nacht einen vertrauten Hauch zu ihnen herübertrug und die tiefe Gewißheit aufrührte, daß jeder Tag, jede Stunde sie ihrem Ziel näherbrachte. Vielleicht lag es aber auch daran, daß die Landschaft, die sie jetzt durchquerten, nicht mehr so rauh und einsam war und mehr dem Land ähnelte, in dem er groß geworden war. Oder steckte ihn der alte Hund mit seiner guten Laune an? Was auch immer der Grund sein mochte – er fühlte sich wohler in seiner Haut und nicht mehr so angespannt wie zu Beginn der Reise.

Sie schliefen diese Nacht in einer trockenen flachen Höhle inmitten der Halden einer stillgelegten Molybdän-Grube. Draußen neben der Höhle war eine große schräge Platte nackten Felsens, besät mit den Häuten ausgeschlüpfter Blindschleichen, die so trocken und leicht und dabei doch biegsam waren, daß sie die ganze Nacht bei jedem Windhauch sich bewegten und wisperten, als stecke wieder ein lebendiger Körper in ihnen.

Kaum zeigten sich die ersten blassen Dämmerstreifen am Himmel, als der junge Hund sich wachsam aufsetzte, da er hörte, wie irgendein Tier durch die trockenen Äste und Blätter raschelnd näherkam. Jeden Nerv gespannt, so saß er da, einen bekannten Geruch witternd. Und alsbald watschelte ein großes Stachelschwein in den Höhleneingang, das friedlich von seiner nächtlichen Futtersuche heimkam. Er erinnerte sich des leckeren Mahles, das der Marder ihnen unfreiwillig bereitet hatte, und beschloß, es zu wiederholen. Er sprang auf das Stachelschwein zu, um es erst umzuwerfen und dann zu töten, wie er es das andere Tier hatte tun sehen. Leider war ihm die geduldige Vorarbeit des erfahrenen Marders entgangen – das erbarmungslose listige Quälen, das bewirkte, daß die meisten Stacheln sich ohne Schaden für den Angreifer in einem umgefallenen Baum festsetzten. Dann – während das teilweise entwaffnete Tier immer noch seine weiche Nase und den weichen Hals schützend unter dem Baum verbarg, folgte der schnelle geschickte Schlag auf die Schulter.

Die Gefahr erkennend, drehte sich das Stachelschwein genau in dem Augenblick um, als der Labrador zusprang, und mit einer Schnelligkeit, die man diesem plumpen Tier gar nicht zugetraut hätte, wirbelte es im Kreis herum und peitschte dem Hund seinen gefährlichen Schwanz ins Gesicht. Aufjaulend sprang er zurück; das Stachelschwein watschelte empört davon.

Der Labrador hatte insofern Glück, als ihn der Schwanz von der Seite getroffen hatte, so daß die Stacheln, das Auge knapp verfehlend, nur in die eine Kopfhälfte stachen. Aber diese Stacheln waren fast sechs Zentimeter lang, hatten Widerhaken an ihrer Spitze und saßen daher fest und schmerzend im Fleisch drin. Der junge Hund versuchte auf jede Weise, die Stacheln loszuwerden, aber er stieß sie dabei nur noch tiefer hinein. Er zerrte an ihnen mit den Pfoten; er kratzte an den Stellen, wo der Stachel saß, bis sie bluteten. Er rieb Kopf und Backe auf der Erde und an einem Baumstumpf, aber die grausamen, stechenden Widerhaken gruben sich immer tiefer ins Fleisch, und der quälende Schmerz verbreitete sich über den ganzen Kopf. Schließlich gab er es auf, und sie setzten ihre Reise fort. Aber immer wenn sie eine Pause einlegten, schüttelte er den Kopf und kratzte sich wie von Sinnen mit der Hinterpfote, um sich von dem Schmerz zu befreien.

VIII

Auf sich allein gestellt, kam die Katze schnell und gut vorwärts. Ohne Mühe nahm sie die Fährte der Hunde an der Stelle wieder auf, wo sie sich vom Fluß ab nach Westen gewandt hatten. Nur der Regen, den sie verabscheute, hielt sie manchmal auf. Bei einem Schauer kauerte sie sich an einem schützenden Ort zusammen, die Ohren flach angelegt, mit unmutig schielenden Blicken, und wartete, bis auch der letzte Tropfen gefallen war, ehe sie sich wieder hervorwagte. Äußerst widerwillig setzte sie dann den Weg durch das feuchte Gras und Gestrüpp fort, kam nur langsam voran und hielt oft an, um die Pfoten zu schütteln. Nirgends hinterließ die Katze eine Spur. Die Äste teilten sich geräuschlos vor ihr; manchmal raschelte zwar ein trockenes Blatt, aber nie krachte ein Zweig, und nicht ein Stein bewegte sich unter ihren sicheren, weichen Pfoten. Ohne ihre lärmenden Begleiter nahm sie, selbst unsichtbar, alles ringsum wahr. Viele Tiere merkten gar nicht, wenn sie aus dem Unterholz oder von einem

Baum herab kalt prüfend gemustert wurden. Bis auf Reichweite kam sie an die sanftäugigen Rehe heran, die in der Morgendämmerung am Rande des Sees tranken; sie betrachtete die scharfe, witternde Nase eines Fuchses und seine hellen Augen, die aus dem Gebüsch hervorlugten; sie sah die geschmeidig sich windenden Körper und die bösartigen Gesichter der Nerze und Steinmarder; einmal blickte sie auf und sah den otterähnlichen Kopf eines kanadischen Marders hoch über sich, von den blattlosen Zweigen einer Birke eingerahmt, und beobachtete, wie der schöne Schwanz sich entrollte, als das Tier gut fünf Meter durch die Luft sprang und in der schwankenden Dunkelheit einer Kiefer untertauchte; und voll Verachtung beobachtete sie aus der Krone eines Baumes einen mageren grauen Wolf, der ruhig unter ihr den Pfad verfolgte. Tiere, denen sie Aug in Auge begegnete, wichen ihrem Blick aus. Nur die Biber schenkten ihr keine Beachtung und gingen unbeirrt ihren Geschäften nach.

Ein Urinstinkt gebot ihr, nirgends eine Spur zu hinterlassen: was von der Beute übrigblieb, die sie so schnell erlegte, wurde vergraben. Die gleiche Sorge trug sie für ihre Exkremente, die sie sorgfältig mit frischer Erde zuscharrte. Wenn sie, was selten geschah, einmal schlief, dann war es nicht mehr als ein kleines Nickerchen hoch oben in den dichten Zweigen der Stechpalmen. Sie war stets unendlich schlau und findig, und vor allem fürchtete sie sich vor nichts.

Am zweiten Morgen ihrer Reise kam sie beim Morgengrauen zu einem schilfumstandenen See hinunter, um zu trinken. Auf knapp hundert Meter kam sie an einer aus Schilf und Zweigen roh zusammengefügten Tarnhütte vorbei, in der zwei Männer, die Gewehre überm Knie, zusammengekauert neben ihrem Chesapeake-Hund saßen. Ein Schwarm Lockvögel schwebte naturgetreu vor ihnen im Wasser auf und nieder. Der Hund wurde unruhig und winselte leise, als die Katze vorüberkam, aber einer der Männer gebot ihm zu schweigen, und so legte er sich mit gespitzten Ohren und wachsamen Augen wieder nieder.

Die Katze stand da und starrte ihn eine Weile aus ihrem Versteck zwischen den Binsen an, dann hob sie den Schwanz, so daß er allein nur sichtbar war, und genoß die stille Enttäuschung des Hundes. Dann schlich sie ans Seeufer hinunter. Plötzlich erschien sie, auf einen Felsen geduckt, im Fernglas des einen Jägers. »Miez-miez-miez«, rief eine fragende Stimme und dann, nach einer Pause:

»Puß-puß-puß – hier, Pussi, komm!« Aber die Katze überhörte die erstaunten Rufe der Männer, rollte ihre rosa Zunge ins Wasser und schlappte bedächtig.

Zwei Stimmen riefen nun, mit dem Unterton ungläubigen Lachens. Die Katze hob den Kopf und sah den beiden Gestalten, die sich im Aufstehen dunkel vom Himmel abhoben, direkt ins Gesicht. Sie hörte ihre aufgeregte Unterhaltung, setzte sich in Pose und schüttelte zierlich die Pfoten. Elegant stieg sie die Steine hinunter und entschwand den Blicken der Männer. Ein ungläubiges Gelächter schallte hinter ihr her.

Im Morgennebel verfolgte sie immer noch die Spur der Hunde, doch hier konnte sie nicht sehr alt sein: in der Nähe einiger Felsblöcke, unter denen die beiden allem Anschein nach die Nacht verbracht hatten, stieß sie auf die Reste eines Kaninchenfells und den für ihre scharfe Nase noch starken Hundegeruch.

Ihre Begleiter waren quer durch einen Sumpf mit dichtem Zedern- und Fichtenbestand gelaufen. Abwechselnd war der Untergrund weich, trocken und voller Nadeln, dann wieder schwammig und feucht. Der Wald hatte etwas Düster-Unheimliches; die Katze schien sich unbehaglich zu fühlen. Immer wieder sah sie sich um, als fürchte sie einen Verfolger; mehrmals kletterte sie auf einen Baum, duckte sich an einen Ast und wartete. Doch was sie auch immer roch und wahrzunehmen glaubte – es schien ebenso listig zu sein wie sie selbst und ließ sich nie blicken.

Trotzdem blieb die Katze mißtrauisch und wachsam, denn mit jedem Nerv fühlte sie, daß ihr etwas folgte – etwas Böses. Sie beschleunigte ihre Schritte und merkte erleichtert, daß der dichte dunkle Wald sich aufhellte: in der Ferne leuchtete blauer Himmel durch das Grün. Ein umgestürzter Baum versperrte den Wildpfad, den sie entlanglief; sie sprang auf den Stamm und hielt einen Augenblick inne. Dann stand jedes Haar auf ihrem Rücken aufrecht; denn in diesem Augenblick hörte sie ganz deutlich das ihr folgende Tier. Noch konnte sie es nicht sehen, sie fühlte es nur, aber es mußte ganz nahe sein.

Ohne sich zu besinnen, sprang die Katze an einer Birke hinauf und sah den Pfad zurück. Auf Samtpfoten kam ein Tier heran, das einer großen Katze ähnelte. Von der gewöhnlichen Hauskatze unterschied es sich genauso wie sie selber.

Dieses Katzentier war fast doppelt so groß wie sie, es war schwer und mächtig gebaut, hatte einen kurzen Stutzschwanz und dicke pelzige Beine. Ein paar dunkle Flecken belebten das hellgraue Fell. Der Kopf hatte zum Unterschied von der gewöhnlichen Katze einen Haarkranz, und die Ohren endeten in Haarbüscheln. Ein wildes, grausames Gesicht! Die Siamkatze erkannte sogleich, daß sie es mit einem mutwilligen Mörder zu tun hatte, und zwar mit einem, der ihr an Wildheit, Kraft und Schnelligkeit weit überlegen war.

Sie kletterte bis in den Wipfel der jungen Birke, die sich unter ihrem Gewicht wiegte, und klammerte sich fest. Der Luchs blieb mitten auf dem Pfad stehen, hob die schwere Pfote und sah mit bös-funkelnden Augen hinauf. Die Katze legte die Ohren an und blickte giftig hinab; dann sah sie schnell in die Runde und maß die Fluchtchancen. Leichtfüßig landete der Luchs oben auf dem umgestürzten Stamm, und noch einmal versuchten die beiden Augenpaare eine endlose Minute einander auszustechen. Die Katze gab ein leises, unheimliches Zischen von sich und schlug den Schwanz wie ein Pendel.

Der Luchs sprang gegen die Birke, klammerte sich mit seinen kräftigen Gliedmaßen rittlings an den Stamm; dann grub er die langen Krallen ein und kletterte den Stamm hinauf auf die Katze zu. Diese

wich zurück, so weit es ging, und wartete. Sie schwankte bereits gefährlich, doch je höher das schwere Raubtier kam, desto mehr bog sich der Baum unter seiner Last. Der Katze blieb keine andere Wahl, als an ihrem Platz auszuharren.
Der Luchs holte mit der Pfote nach ihr aus und riß dabei ein Stück Birkenrinde ab. Die Katze schlug zurück, der Baum schwankte bedenklich, sie verlor den Halt und fiel hinunter – wenn auch nicht aus allzu großer Höhe, denn der Baum hatte sich tief geneigt; aber selbst in dieser kurzen Zeitspanne des Falls drehte sie sich in der Luft und landete mit den Füßen auf der Erde. Im gleichen Moment vernahm sie aber einen noch schwereren Aufschlag in einigen Metern Entfernung: im Zurückschnellen hatte der Baum auch den Luchs abgeschüttelt. Das schwere Tier aber langte nicht so behend wie sie auf der Erde an und brauchte ein paar Atemzüge, um sich zu besinnen. Die Katze erkannte blitzschnell ihre Chance und flog wie ein Pfeil davon, auf dem engen Wildpfad um ihr Leben rennend.
Aber fast im gleichen Augenblick hörte sie das andere Tier dicht hinter sich. Sich umzuwenden und zu kämpfen, hatte keinen Sinn. Hier hatte sie es nicht mit einem tölpelhaften Bären zu tun, der

sich einschüchtern ließ, sondern mit einem Tier, das gegenüber kleineren ebenso listig und unbarmherzig sein konnte wie sie selbst. Noch im Lauf mußte sie erkannt haben, daß auch die Flucht keine Rettung versprach, denn voll Verzweiflung sprang sie wieder den Stamm eines Baumes hinauf. Doch es waren alles junge Bäume in diesem Wald, und es gab keine langen Stämme zum Klettern. Diesmal stellte es der Feind schlauer an: er folgte der Katze nur bis zur halben Höhe und schwenkte von da aus den biegsamen jungen Baum mit Bedacht hin und her, um die Katze abzuschütteln.

Die Lage war ausweglos, das wußte die Katze. Sie wartete, bis sich die Baumschaukel am tiefsten durchbog, dann spannte sie die Muskeln an, bis sie einer Sprungfeder glich, und sprang auf die Erde. Der Luchs war fast genauso schnell, aber er verfehlte sie um Haaresbreite, als die Katze scharf nach der Seite abbog. Die Katze schlug noch ein paar Haken und schoß dann wie eine Rakete in einen Kaninchenbau, der sich wunderbarerweise vor ihr in einem Erdwall auftat.

Die schrecklichen Klauen, die so dicht hinter ihr gewesen waren, hieben, ohne Schaden zu tun, durch die Luft. Die Katze zwängte sich in den engen Bau, so weit es nur ging, und kauerte sich dort zusammen, ohne sich umwenden und dem entgegensehen zu können, was nun geschehe, denn der Bau war sehr eng. Der Luchs duckte sich ebenfalls und streckte versuchsweise eine Pfote in die Höhle. Zum Glück war die Katze außer Reichweite; so senkte der Luchs den Kopf und sah mit einem bösen grünlichen Auge in das Loch. Da traf ihn eine Ladung Erde mitten ins Gesicht – die Hinterpfoten der Katze arbeiteten wie Kolben, um Erde rückwärts aus dem Loch zu schleudern.

Der Luchs wich zurück, schüttelte wütend den gelbbraunen Kopf und bereitete den nächsten Angriff vor. Es wurde ganz still in der Lichtung. Nur das Herz der verzweifelten gefangenen Katze klopfte wild.

Systematisch begann der Luchs, die Erde am Eingang des Kaninchenbaus mit seinen kräftigen Vordertatzen wegzuscharren, und war so sehr in diese Arbeit vertieft, daß er nicht witterte, wie mit dem Wind ein Junge in leuchtendroter Jacke und Mütze mit einem Gewehr von den angrenzenden Feldern her in den Wald kam. Vorsichtig näherte er sich Schritt für Schritt – nicht, weil er den Luchs gesehen hatte, sondern weil er auf einem Pirschgang war. Im Abstand von einem halben Kilometer liefen er und sein Vater nach vorher vereinbartem Zeichen das Gelände ab. Der Junge war sehr aufgeregt, denn er durfte seinen Vater zum erstenmal mit einem eigenen Gewehr begleiten. Plötzlich sah er das wütend scharrende Tier und hörte es leise knurren, weil ständig ein Erdregen es bedeckte, der aus einer unsichtbaren Quelle kam. In diesem Moment blickte das Tier auf und sah den Jungen. Es duckte sich, knurrte, und keine Furcht zeigte sich in seinen Augen, sondern nur barer Haß. Im Bruchteil einer Sekunde hatte es sich entschlossen und sprang – um zu kämpfen oder zu fliehen. Im selben Moment hob der Junge das Gewehr, zielte und schoß, alles in einer einzigen schnellen Bewegung. Der Luchs überschlug sich in der Luft und fiel zu Boden. Seine Brust stieß einen klagenden Pfeiflaut aus, ein Beben ging über das Fell, dann war er tot.

Der Junge zitterte leicht, als er an das tote Tier herantrat, noch ganz im Banne des bösen, wilden, wütenden Ausdrucks auf dem katzenartigen Gesicht, das jetzt vor ihm lag und die makellosen weißen Fänge zeigte. Er stand da und blickte auf sein unerwartetes Opfer nieder. Er wagte nicht, es ohne seinen Vater zu berühren, der atemlos und besorgt herbeikam und von weitem rief.

Fassungslos starrte der Vater den gelbbraunen

Körper auf den Tannennadeln an. Dann blickte er seinem Sohn in das weiße Gesicht. Er drehte das Tier um und zeigte ihm das kleine, saubere Loch, wo die Kugel eingedrungen war.
»Genau unterm Brustbein«, sagte er anerkennend.
Der Junge lächelte verlegen.
Er lud sein Gewehr wieder und knüpfte am Eingang der Lichtung ein rotes Halstuch als Erkennungszeichen an einen Ast. Plaudernd gingen sie den Pfad weiter. Die verborgene Katze hörte die Stimmen in der Ferne verstummen.
Als alles still war, kroch sie rückwärts aus ihrem Schlupfwinkel in die sonnengesprenkelte Lichtung. Ihr Fell war über und über mit erdigem Sand bedeckt. Das tote Tier vollständig unbeachtet lassend, obgleich sie um es herumgehen mußte, setzte sie sich zehn Meter davon weg und leckte sich, kühl und unbeteiligt, von der Schwanz- bis zur Nasenspitze. Dann streckte sie genießerisch die Glieder, drehte sich um, und, um ihre Verachtung auszudrücken, scharrte sie mit den Hinterpfoten eine Ladung Erde auf das Gesicht des Luchses. Gelassen und selbstbewußt wie je setzte sie ihren Weg fort.
Zwei Tage später stieß sie auf die Hunde. Sie kam auf dem Kamm eines Hügels heraus; unten er-

streckte sich ein Tal, durch das zwischen erlenbestandenen Ufern sich ein Flüßchen schlängelte.
Auf dem gegenüberliegenden Hügel sah sie deutlich erkennbar zwischen den entlaubten Bäumen zwei vertraute und geliebte Gestalten, die eine weiß, die andere goldbraun. Ihr Schwanz schlug aufgeregt hin und her, sie öffnete das Maul und gab ein klagendes, beschwörendes Heulen von sich. Die beiden Gestalten auf dem jenseitigen Hügel blieben wie angewurzelt stehen und lauschten dem unwahrscheinlichen Laut, dessen Echo das stille Tal zurückwarf.
Die Katze sprang auf einen überhängenden Felsen; und als das dumpfe, rauhe Geheul wieder vernehmbar wurde, wandten sich die Hunde fragend um und suchten angestrengt, wo es herkomme. Der junge Hund fand sie zuerst, und unter rasendem Gebell stürzte er den Hang hinunter über den Bach, der Bullterrier immer dicht auf seinen Fersen. Nun sauste auch die Katze los und sprang wie närrisch den Hügel hinunter, so daß sich alle drei am Ufer des kleinen Flusses trafen.
Der alte Hund verlor vor Erregung fast den Verstand: übereifrig leckte er die Katze und stupste sie zweimal mit seinem Kopfgeschüttel um. In seiner Freude wußte er sich nicht zu lassen und

drehte sich, wie bei dem Collie, immer schneller um seine eigene Achse. Vor seinem Ansturm konnte sich die Katze nur noch auf den nächsten Baum retten, von wo sie sich auf den Rücken ihres alten Freundes herunterfallen ließ.

Während dieser ganzen Vorstellung hatte der junge Hund fröhlich mit dem Schwanz rudernd dabeigestanden, die braunen Augen leuchtend und ausdrucksvoll, bis schließlich, als der alte Hund zu einem selig japsenden Haufen zusammenbrach, die Reihe an ihn kam. Er ging zu der Katze, sie stellte sich auf die Hinterpfoten, legte ihre schwarzen Vorderpfoten an den Nacken des großen Hundes und untersuchte sanft das zerrissene Ohr.

Schwerlich hätte man in dieser Nacht drei glücklichere Tiere finden können. Eng aneinandergerollt lagen sie unter einer alten, weitausladenden Balsamtanne in einer Mulde voll süßduftender Tannennadeln. Der alte Hund hielt seine geliebte, wohlig schnurrende Katze wieder zwischen den Pfoten und schnarchte in tiefer Zufriedenheit. Der junge Hund, ihr liebevoll um sie besorgter Anführer, hatte seinen Schützling wiedergefunden. Leichteren Herzens konnte er die Reise fortsetzen.

IX

Über dreihundert Kilometer lagen jetzt hinter ihnen, die Tiere waren gesund und munter, aber ganz ohne Wunden und Schrammen war nur die Katze davongekommen. Am schlechtesten ging es dem Labrador: sein einst so schönes, glänzendes Fell sah hart und borstig aus, sein grotesk verschwollener Kopf bildete einen schrecklichen Kontrast zu der hageren Gestalt. Die entzündeten Kinnbacken taten ihm so weh, daß er das Maul kaum öffnen konnte und buchstäblich hungern mußte. Seine Begleiter ließen ihm jetzt bei jedem frisch getöteten und blutenden Tier, das die Katze herbeibrachte, den Vortritt; und er lebte fast ganz von frischem Blut, das er gierig lecken konnte.

Für ihre Tagesmärsche hatte sich eine bewährte Gangordnung eingebürgert: zielbewußt und unbeirrbar liefen Labrador und Bullterrier, wie zwei Hunde bei einem Bummel in die Nachbarschaft, Seite an Seite durch die Gegend.

So sah sie eines Morgens ein Holz auszeichnender Förster, der auf einem alten Schlepp-Pfad tief im

Ironmouth Range zu seinem Jeep zurückging. Sie verschwanden in einiger Entfernung um eine Wegbiegung. Doch war er viel zu sehr von Baum-Problemen in Anspruch genommen, um sich über ihr Erscheinen Gedanken zu machen. Desto verdutzter erinnerte er sich ihrer, als ihm gegen Abend plötzlich einfiel, daß ja in einem Umkreis von fünfzig Kilometern keine menschliche Behausung zu finden war. Er erzählte sein Erlebnis dem Oberförster, der aber barst beinahe vor Lachen und fragte ihn, ob er nicht auch ein paar Elfen um die Giftpilze hätte herumtanzen sehen.
Unvermeidlich rückte indessen der Zeitpunkt näher, wo das Verschwinden der Tiere auffallen, wo das Klagen und Weinen beginnen und jeder noch so geringfügige Hinweis oder Anhaltspunkt von Wert sein mußte. Dann aber war das Lachen auf seiten des Försters, als sich eine Woche später seine zufällige Begegnung als wahr erwies.
In Heron Lake bereiteten sich John Longridge und sein Bruder auf ihren letzten Jagdausflug vor. In England hatten die aufgeregten Hunters bereits alles gepackt für die Heimreise. Mrs. Oakes putzte und schrubbte das alte Steinhaus, während ihr Mann im Keller das Winterholz schichtete.
Bald würden sie alle wieder da sein, wo sie hin-

gehörten, um wie die Teilchen in einem Zusammensetzspiel die richtige Stelle einzunehmen. Und dann würde man bald merken, daß drei Teilchen fehlten ...
Ahnungslos, wieviel Tränen, Verwirrung und Herzeleid sie mit ihrer Abwesenheit heraufbeschwören würden, setzten die drei Tiere ihren Marsch fort.
Die Landschaft wirkte jetzt nicht mehr so wild und unwirtlich, und ein- oder zweimal sahen sie sogar weiter weg kleine einsame Weiler. Der junge Hund mied strikt alle Ansiedlungen und blieb, sehr zum Ärger seines alten Gefährten, der unbegrenzt an die Güte und Hilfsbereitschaft der Menschen glaubte, wenn irgend möglich, im Wald. Der Labrador war aber nun einmal der Anführer ihrer kleinen Gruppe: mochte der Bullterrier auch noch so sehnsüchtig in der Ferne ein Rauchwölkchen aus einem Kamin aufsteigen sehen – es half nichts: er mußte weiter.
An einem späten Nachmittag hängte sich ein einzelner Wolf, der sich wahrscheinlich für die Katze interessierte, für einige Kilometer an ihre Spur. Er stellte aber keine wirkliche Gefahr für die Tiere dar, denn selbst wenn er hungrig wäre, würde er sich kaum auf eine Begegnung mit zwei Hunden einlassen.

Wie alle Angehörigen seiner Rasse, fürchtete der Labrador den Wolf aus einem angeborenen Instinkt, der aus den nebelumwobenen Zeiten ihrer gemeinsamen Ahnen stammen mußte. Der huschende graue Schatten, der jedesmal, wenn er sich knurrend nach ihm umsah, mit dem Unterholz verschmolz, jagte ihm Unbehagen ein.

Da es ihm nicht gelang, den verhaßten Schatten abzuschütteln, und er dazu noch gewahr wurde, daß die Sonne bereits unterging, wählte er, gereizt und von Schmerzen erschöpft, wie er war, das kleinere der beiden Übel: er verließ den Wald und schlug eine stille Landstraße ein, an der verstreut ein paar kleine Bauernhäuser standen. Er drängte seine Begleiter zur Eile, denn sie hatten noch keine Bleibe für die Nacht. Sein Instinkt sagte ihm, daß sie nur im Blickfeld menschlicher Behausungen vor dem Wolf sicher seien; am besten, sie fänden eine Scheune.

Als es dunkel wurde, näherten sie sich einem Weiler. Er bestand aus ein paar Häuschen, die sich um eine Schule und um eine weißgestrichene Holzkirche scharten. Der junge Hund hätte auch dieses Dorf umgangen, aber der alte Terrier meuterte: wie gewöhnlich hatte er Hunger, und das warme Licht, das aus den Fenstern fiel, festigte seine Überzeugung, daß ihm heute einzig und allein Menschen

auf annehmbare Weise zu etwas Eßbarem verhelfen könnten. Bei diesem Gedanken leuchteten seine Augen auf. Eigensinnig, wie er war, überhörte er das warnende Murren des jungen Hundes, legte die Ohren flach an und hielt, seine gerundeten Schweinshinterteile herausfordernd schlenkernd, direkt auf die Häuser zu.
Der junge Hund verzichtete auf weiteren Widerstand, denn er hatte viel zuviel mit sich selbst zu tun. Die durch die Stacheln hervorgerufene Entzündung verursachte ihm einen dröhnenden Schmerz im ganzen Kopf. Und wichtiger als alles andere war ihm jetzt, daß er sich kratzen konnte und die brennende Backe auf der Erde reiben.
Der Rebell ging an den ersten Häusern vorüber, obwohl der Rauch, der aus ihren Schornsteinen in die stille Abendluft aufstieg, der beruhigende Geruch und die Geräusche der Menschen seine nach Gemütlichkeit verlangende Natur durchaus ansprachen. Vor einem kleinen Häuschen blieb er schließlich stehen und sog entzückt den wunderbaren, mit Holzrauch vermischten Küchengeruch ein. Er leckte sich das Maul, während er die Stufen hinaufging, kratzte dann höflich mit der Pfote an der Tür und setzte sich hin mit erwartungsvoll gespitzten Ohren.

Er wurde nicht enttäuscht. Die Tür ging auf, und in dem breiten Lichtkegel erschien ein kleines Mädchen. Der alte Hund verzog vor Vergnügen das Gesicht zu einem häßlichen Grinsen, seine schrägen Augen blinzelten, verwirrt von der plötzlichen Helle. Für Uneingeweihte gibt es kaum etwas Häßlicheres als das Grinsen eines Bullterriers, mag es auch noch so liebenswürdig gemeint sein. Die Reaktion des kleinen Mädchens war deshalb nicht verwunderlich.

Nach einer Schrecksekunde schluchzte sie laut: »Papa...!« Die Tür fiel vor seiner Nase ins Schloß. Bestürzt, doch unerschrocken scharrte er noch einmal an der Tür, legte den Kopf schief und horchte mit steil aufgerichteten Dreiecksohren auf die Schritte im Inneren des Hauses. Am Fenster erschien ein Gesicht. Höflich bellend brachte er sich in Erinnerung. Da flog die Tür noch einmal auf, ein Mann stürzte heraus, mit wutverzerrtem Gesicht, einen Kübel Wasser in der Hand. Er schüttete es dem verdatterten Hund mitten ins Gesicht. Dann angelte er nach einem Besen.

»Fort!« schrie der Mann. »Zum Teufel mit dir!« Drohend schwenkte er seinen Besen. Der Terrier klemmte den Schwanz ein und floh triefnaß zu seinen wartenden Gefährten. Eingeschüchtert war er nicht – nur tief beleidigt. Noch nie in seinem Leben hatten Menschen so auf seine freundlichen Annäherungsversuche reagiert. Gerechten Zorn, den hatte er kennengelernt und auch erwartet, wenn er in jungen Jahren ihre Schoßhündchen in Schrecken setzte; er hatte sie zum Lachen gebracht und manchmal ihre Geduld auf eine harte Probe gestellt – aber noch niemals war ihm ein so ungesitteter, so roher Empfang zuteil geworden wie hier dieser.

Gekränkt und enttäuscht ordnete er sich jetzt folgsam hinter seinen Anführer ein.

Nach drei Kilometern kamen sie an eine sich bergauf windende Wagenspur, die zu einer Farm führte. Sie überquerten die dunklen Felder, schreckten einen alten Schimmel und ein paar Kühe aus dem Schlaf auf und liefen auf eine Gruppe von Nebengebäuden zu, die sich etwas abseits vom Wohnhaus zusammendrängten. Aus dem Schornstein des einen stieg eine dünne Rauchwolke. Es war das Räucherhaus. Dort wurden über einem schwachen Hickory-Feuer Schinken geräuchert. Die Tiere preßten sich an den nur schwach erwärmten Schornstein und richteten sich für die Nacht ein.

Der junge Hund fand keinen Schlaf. Durch das

ständige Kratzen und Reiben hatten sich die offenen Stellen auf seinem Gesicht zu entzündeten roten Flecken erweitert, die sich auf der einen Halsseite bis über die Drüsen zogen. Die Infektion löste Fieber, das Fieber Durst aus. Mehrmals verließ er die beiden anderen und stellte sich in dem nahegelegenen See bis zur Brust ins kühlende Wasser, um zu trinken.

Als der alte Hund bebend vor Kälte aufwachte, war er allein. Die Katze saß in einiger Entfernung bereits mit eng an die Erde gepreßtem Bauch über ihrem Frühstück. Durch die Morgenluft stahl sich – ein unwiderstehlicher Wink – ein vertrauter Geruch von Rauch und Küche.

Die Frühnebel gaben das Tal frei, und eine blasse Sonne erhellte den Himmel, als der alte Hund durch den Windschutz der großen norwegischen Tannen auf das Haus zulief und sich vor der Tür plazierte. Sein Gedächtnis war kurz: in seiner Vorstellung standen die Menschen schon wieder mit Füllhörnern voll Hundefutter auf ihrem angestammten Piedestal.

Er winselte kläglich. Aus der Scheune kamen mehrere Katzen und blickten ihn mit empörten Tieraugen an. Bei jeder anderen Gelegenheit hätte er sie augenblicklich davongejagt, jetzt aber zog er es vor, sie zu ignorieren, denn er hatte Wichtigeres zu tun. Die Tür ging auf, ein verheißungsvoller Duft von Eiern und Schinken stieg ihm in die Nase. Die ganze schwere Artillerie seines Charmes auffahrend, wedelte er schmeichlerisch mit dem Schwanz, legte er die Ohren weit zurück und leitete mit einem Naserümpfen sein verheerend gewinnendes Schielen ein. Eine Männerstimme fragte erstaunt: »Ja, wer bist du denn?!« Nachdem der Besitzer der Stimme seinen drolligen Besucher, dessen Augen jetzt so weit zurückgerollt waren, daß sie fast im Kopf verschwanden, eine Weile gemustert hatte, rief er etwas ins Haus. Eine angenehme Frauenstimme antwortete ihm. Schritte kamen näher. Der Terrier schlug noch schneller mit dem Schwanz.

Einen Augenblick stand die Frau in der Tür und betrachtete mit stillem Staunen den weißen Wasserspeier zu ihren Füßen. Als der alte Hund sah, daß sich ihr Gesicht zu einem Lächeln anschickte, bot ihr der Altmeister im Schnorren eine höfliche Pfote. Sie lachte etwas hilflos und beugte sich nieder, um sie zu schütteln. Dann lud sie ihn ein, ihr ins Haus zu folgen.

Würdig trat der Hund ein und gewahrte als erstes den vertrauenerweckenden Herd.

Diesmal hatte er Glück, denn viele Kilometer in der Runde gab es keine netteren und gastfreundlicheren Leute als die Mackenzies. James und Nell waren ein älteres Ehepaar. Sie wohnten jetzt allein in dem geräumigen Bauernhaus, das noch etwas von der großen Familie ausstrahlte, die hier gelebt und gelacht hatte. An Hunde waren sie gewöhnt, denn früher tollten einmal acht Kinder in diesem Haus herum und mit ihnen eine ununterbrochene Reihe von Tieren, deren Leben samt und sonders im Hof begonnen hatte, bis sie unter den unglaublichsten Vorwänden der Kinder eins nach dem anderen ins Haus durften: mißverstandene Bastarde, verwaiste Kätzchen, unglückliche Verirrte, verlassene Otternjunge – Nell Mackenzies weiches Herz war ihnen gegenüber damals genauso wehrlos wie jetzt.

Sie gab ihrem Gast eine Schüssel mit Resten, die er gierig hinunterschlang. Um mehr bittend, sah er von seinem Napf auf. »Mein Gott, er ist ja völlig verhungert!« rief sie entsetzt und opferte ihr eigenes Frühstück.

Sie streichelte ihn, redete ihm freundlich zu und nahm ihn auf, als seien die Jahre zurückgerollt und eines ihrer Kinder habe wieder einmal so ein halbverhungertes, armes Tier mit nach Hause ge-

bracht. Der Terrier sonnte sich in ihrer Zuneigung und fraß die Schüssel, fast noch ehe sie auf dem Boden stand, leer. Wortlos reichte auch Mackenzie seinen Teller hin. Bald war der Toast alle, die Milchkanne geleert. Dafür streckte sich der alte Hund satt und glücklich vor dem Herd auf einem Läufer aus, und Nell bereitete ein neues Frühstück.
»Was ist denn das für eine Rasse?« wollte Nell wissen. »So was Häßliches hab' ich mein Lebtag nicht geseh'n. Er sieht aus, als hätten sie ihn ins verkehrte Fell gesteckt.«
»Das?« antwortete James, »das ist ein englischer Bullterrier, ein herrlicher Kerl – so 'n richtiger alter Haudegen. Ich mag die Rasse zu gern. Sieht aus, als hätt' er vor kurzem einen Kampf geliefert. Dabei muß er mindestens zehn oder elf Jahre alt sein!«
Bei dem Ton höchsten Respektes und uneingeschränkter Bewunderung in James' Stimme, der so sehr nach dem Herzen eines Bullterriers ist, aber so selten laut wird, klopfte der alte Hund zustimmend mit dem Schwanz, dann erhob er sich und stieß den knochigen Kopf gegen das Knie seines Gastgebers. Mackenzie lachte anerkennend. »Na, du Schlingel, du weißt wohl ganz genau, wie unwiderstehlich du bist? Aber was machen wir denn nun mit dir?«

Als Nell dem Hund über die Schulter strich, fühlte sie die Narben. Sie untersuchte sie gründlicher und sah bestürzt ihren Mann an. »Die hat er sich bestimmt nicht bei einer Hunderauferei geholt«, sagte sie. »Das sind Narben von Klauen. Sie sehen aus wie Bärenklauen auf frischem Holz, nur kleiner.«

Stumm betrachteten sie den Hund zu ihren Füßen und sannen darüber nach, was für eine Geschichte sich hinter den schlimmen Narben verbergen mochte. Jetzt erst fiel ihnen die Trübheit auf dem Grunde der so lustig funkelnden Augen auf, der allzu magere Hals und der durchs Fressen aufgetriebene Bauch; und sie merkten, daß der unermüdliche Schwanz, der so glückselig auf den Fußboden klopfte, abgewetzt und alt war und eine gebrochene Spitze hatte. Das war kein kühner, angriffslustiger Abenteurer, den sie da vor sich hatten, es war ein müder, alter Hund, den nicht nur nach Futter, sondern auch nach Liebe hungerte. Für die beiden alten Leutchen stand außer Frage, daß sie ihn, vorausgesetzt er wolle dableiben, bei sich behalten und ihm geben würden, was er brauchte.

Da sie unter dem weißen Fell und in den rosa Ohren vergeblich nach einem tätowierten Erkennungszeichen suchten, hielten sie es für das beste, daß Mackenzie in Deepwater, wo er am Nachmittag ein paar Butterfässer zu holen hatte, über den Hund Nachforschungen anstellte. Er sollte die Landpolizei benachrichtigen und nötigenfalls eine Annonce in der Zeitung aufgeben. Und wenn das alles ergebnislos blieb ... »Dann haben wir dich wohl für immer auf dem Hals, du alter Racker!« sagte Mackenzie und kraulte mit geübtem Fuß seinen beglückten Zuhörer, so daß sich der Hund mit einem seligen Seufzer auf den Rücken rollte, um sich auch unter den Vorderbeinen kraulen zu lassen.

Als Mackenzie am Morgen die Tür aufgemacht hatte, war eine Schar Wildenten auf den kleinen See zugeflogen, der von dem Flüßchen, das die Farm durchfloß, gespeist wurde. Noch war es früh genug, um hinüberzugehen und zu sehen, ob sie noch da waren. Er steckte eine Handvoll Patronen in die Tasche, nahm ein altes Gewehr von der Wand und ging los. Nell räumte gerade den Tisch ab und mußte dabei immer wieder über und um die weiße Masse ihres Gastes herumsteigen, der jede ihrer Bewegungen durch einen winzigen Lidspalt beobachtete.

Auf halbem Wege durch die noch nebelbedeckten

Felder blieb James Mackenzie stehen und lud das Gewehr. Dann ging er leise auf die ihn verbergenden Erlen zu, die den kleinen See umrahmten. Durch die Zweige konnte er etwa in der Mitte des Sees, gerade außer Schußweite, sechs Wildenten erkennen. Wie der Wind an diesem Morgen stand, hätte er unter Umständen den ganzen Tag auf die Gelegenheit für einen Schuß warten müssen, wenn nicht irgend etwas am anderen Ufer die Vögel aufschreckte.

Er wollte sich gerade auf den Heimweg machen, da bewegte sich drüben etwas im Schilf, und schon erhoben sich die Enten in geschlossener Formation mit lautem Geschnatter in die Luft. Als sie über ihm waren, schoß Mackenzie zweimal – der eine Vogel plumpste ins Wasser, der andere landete mit einem dumpfen Aufschlag am Seeufer, ganz in der Nähe. Er hob ihn auf und wollte für den anderen gerade das leichte Boot holen, als er zu seinem Erstaunen den großen Kopf eines Hundes darauf zuschwimmen sah.

Der Schuß und die platschende Ente wirkten auf den Labrador wie eine Kriegstrompete auf ein altes Streitroß: unwiderstehlich riß es ihn in die Höhe. Ohne sich auch nur eine Sekunde zu besinnen, war er ins Wasser gesprungen, um zu apportieren. Aber er mußte feststellen, daß er die Schnauze nicht weit genug öffnen konnte, um die Ente zu greifen. So mußte er sie an einer Flügelspitze ans Ufer ziehen.

Knapp zehn Meter von dem Mann weg kam er aus dem Wasser, den schönen grünen Kopf des Vogels hinter sich herziehend, während die Sonne auf das in allen Regenbogenfarben schillernde Gefieder schien.

Fragend blickte der Labrador zu dem Fremden hinüber. Mackenzie starrte mit offenem Mund zurück. Einen Augenblick schienen die beiden wie zu einem Bild erstarrt. Dann fand der Mann die Sprache wieder. »Guter Hund«, sagte er ruhig und streckte die Hand aus. »Brav so. Nun bring es.«

Der Hund kam zögernd mit dem Vogel näher.

»Gib!« sagte er, als der Hund noch immer zögerte. Langsam ging der Hund auf ihn zu und legte die Ente ab. Entsetzt sah Mackenzie jetzt, daß die eine Kopfhälfte unmäßig geschwollen war. Die Haut spannte derart, daß die Augen nur noch Schlitze waren und der Oberkiefer unter der starren Lefze hervorbleckte. Ein paar Stacheln ragten wie Stecknadeln im Nähkissen aus der wunden Haut hervor. Unter dem nassen Fell zeichnete sich jede Rippe ab, und als er sich schüttelte, taumelte er.

Mackenzie überlegte nicht lange. Ganz gleich, wem der Hund gehörte, er brauchte dringend Pflege: die Stacheln mußten sofort entfernt werden, damit sich die Entzündung nicht noch weiter ausbreitete.

Er hob die Enten auf, tätschelte ermunternd den Kopf des Hundes und sagte sehr bestimmt: »Komm!« Zu seiner Erleichterung folgte ihm der Hund willig. Sein Widerstand war so weit gebrochen, daß er sich nur noch in die geordnete Welt der Menschen zurücksehnte, diese festgefügte Welt, in der Menschen befehlen und Hunde gehorchen. Gutgläubig folgte er Mackenzie dicht auf den Fersen.

Auf dem Rückweg über die Felder fiel Mackenzie plötzlich der Bullterrier ein. Er runzelte die Stirn. Wie viele ausgefallene, hilfsbedürftige Hunde mochte er im Laufe des Tages noch in die Küche führen? Einen lahmen Pudel am Nachmittag? Abends einen hinkenden Spürhund?

Sein langer Morgenschatten fiel auf den Holzstoß, und die schläfrige Siamkatze, die sich dort sonnte, hielt sich regungslos, bis er vorbei war. Der Farmer bemerkte sie nicht, der Hund hingegen grüßte seine Gefährtin mit einem kurzen Schwanzwedeln.

Eine Stunde später hatte Mackenzie den Hund mit Hilfe einer Pinzette von den Stacheln befreit. Ein Stachel war ins Maul eingedrungen und mußte von innen entfernt werden, aber der Hund ließ die Prozedur ohne ein einziges Knurren über sich ergehen. Nur einmal, als die Schmerzen unerträglich wurden, winselte er leise. In seiner Dankbarkeit versuchte er immer wieder, dem Mann die Hände zu lecken. Sicher verspürte er eine große Erleichterung, denn jetzt konnten die Einstiche trocknen, und die Schwellung ging schon zurück.

Während der ganzen Operation war an der Tür zu einem hinter der Küche liegenden Raum gerüttelt und gescharrt worden, und dazu erscholl ein mitleiderregendes Jaulen. Der alte Hund war Mackenzie zu sehr im Wege gewesen bei der Arbeit; er hatte gegen seine Hand gestoßen und schien offensichtlich zu fürchten, daß seinem Gefährten etwas zuleide getan werde. Schließlich hatte Nell den Terrier mit einem Knochen hinausgelockt und dann schnell die Tür vor dem überraschten und ahnungslosen Tier zugemacht und verriegelt.

Voll tiefem Argwohn, daß man ihn angeführt habe, warf er sich mit seinem ganzen Gewicht gegen die Tür. Sie wollten ihn jedoch erst wieder herauslassen, nachdem der Patient in Ruhe seine Schüssel Milch getrunken hatte.

Mackenzie ging sich die Hände waschen, und seine Frau horchte auf die tappenden Füße und die darauffolgenden Stöße, bis sie es nicht mehr länger aushielt. Sie fürchtete, der Terrier würde sich einen Schaden antun und öffnete die Tür. Der alte Hund schoß förmlich heraus, wild entschlossen, sich für seinen Freund zu schlagen. Wie verdutzt aber sah er drein, als er ihn friedlich eine Schüssel Milch schlürfen sah!

Einmütig setzten sich die beiden neben die Tür, und der junge Hund ließ die Sympathiekundgebungen des Terriers geduldig über sich ergehen.

An ihrem Einverständnis und ihrer Zuneigung merkte man deutlich, daß sie dem gleichen Besitzer gehörten – einem Besitzer, der ihrer nicht wert war, wie Nell ärgerlich feststellte, denn sie konnte sich nicht so schnell über diese häßliche Entstellung eines Hundes beruhigen. Mackenzie meinte dagegen, die zwei müßten es bei ihrem Herrn gut gehabt haben, da sie sich so freundlich und wohlerzogen benahmen. Aber er mußte zugeben, daß es daher nur desto unverständlicher sei, daß sie allein durch eine so gefährliche und verlassene

Gegend streiften. Aber vielleicht war ihr Besitzer gestorben, und sie hatten sich gemeinsam davongemacht; oder es hatten Leute, die mit dem Auto durch das Land reisten, sie verloren, und nun versuchten sie, in heimatliche Gefilde zurückzufinden. Es gab unzählige Möglichkeiten, gewiß war nur eines: sie mußten bereits so lange unterwegs gewesen sein, daß Wunden hatten heilen können und Stacheln sich tief ins Maul eingraben, und lange genug, um die Gefahr des Hungertodes zu kennen.

»Die können schon gut ihre hundertfünfzig Kilometer hinter sich haben«, meinte Mackenzie. »Wer weiß, vielleicht stammen sie sogar aus Manitoba? Aber wovon sie die ganze Zeit gelebt haben, ist mir ein Rätsel! Von der Jagd vielleicht? Oder sie haben gestohlen!« Nell sagte es schmunzelnd, denn am Morgen hatte sie belustigt im Küchenspiegel beobachtet, wie sich ihr früher Gast nach dem Frühstück eine Scheibe Schinken vom Teller geschnappt hatte, als er sah, daß sie sich umgedreht hatte.

»Na, viel dürften sie dabei aber nicht erwischt haben«, sagte ihr Mann. »Der Labrador sieht ja wie ein Skelett aus! Lange hätte er's nicht mehr gemacht. – Wenn ich nach Deepwater fahre, sperre

ich sie in den Stall. Sie sollen bei uns bleiben, die zwei. Willst du wirklich zwei fremde Hunde behalten, Nell? Es kann eine ganze Weile dauern, bis wir ihren Besitzer ausfindig machen – vielleicht findet er sich nie.«
»Sie sollen bei uns bleiben, solange sie mögen«, sagte Nell einfach. »Wenn du weg bist, überlege ich mir, wie wir sie nennen. Wir können sie nicht die ganze Zeit mit ›Guter Hund‹ und ›hallo‹ anreden. Ich bringe ihnen dann noch mal ein bißchen Milch in den Stall rüber.«

Von ihrem sonnigen Aussichtsposten auf dem Holzstoß hatte die Katze beobachtet, wie Mackenzie die beiden Hunde über den Hof in den warmen, süßduftenden Stall brachte und die Tür sorgfältig hinter ihnen schloß. Kurze Zeit danach ratterte der Wagen die Straße hinunter, dann war alles wieder still. Ein paar neugierige Katzen, denen es nicht paßte, daß der exotisch aussehende Fremdling sich ausgerechnet auf ihrem bevorzugten Sonnenplätzchen breitgemacht hatte, erkühnten sich, an den Holzstoß heranzukommen. Ebendieser Fremdling aber konnte andere Katzen nicht ausstehen, nicht einmal seine eigenen Artgenossen; gewöhnliche Haus- und Hofkatzen aber waren ihm ein Greuel. Mißgelaunt blickte der schwarzmaskierte Pirat auf sie herab und erwog seine Taktik.

Nach zwei, drei gutgeführten Attacken hatte er die Bande zerstreut und konnte sich unbehelligt an seinen Standort zurückbegeben, um ein Schläfchen zu machen.

Gegen Mittag wachte die Siamkatze auf, streckte sich und sprang hinunter. Sie blickte prüfend umher, ehe sie zum Stall hinüberpirschte. Ihrem klagenden Miauen antwortete auf der anderen Seite der Stalltür ein Rascheln im Stroh. Gemächlich setzte sie zum Sprung an und machte dann einen mühelosen Satz auf den Riegel zu. Doch sie war nicht flink genug: der Riegel bewegte sich nicht. Das ärgerte sie, denn an Fehlschläge war sie nicht gewöhnt. Sie versuchte es noch einmal, aber diesmal überlegter: für den Bruchteil einer Sekunde, fast im Moment des Sprungs, krallte sie eine Pfote um die runde Holzklinke, an der ihr Gewicht hing, während die andere Pfote den Riegel darüber löste. Die Tür sprang auf. Selbstzufrieden knurrend trat sie ein. Der alte Hund begrüßte sie stürmisch – aber der Freßnapf war leer. Enttäuscht verließ die Katze den Stall, und während ihr die Hunde in den sonnenhellen Hof folgten, verschwand sie im Hühnerhaus. Ein paar aufgebrachte, kreischende Hühner flatterten heraus, als sie sich den Legekästen näherte. Die Pfote kundig um ein warmes braunes Ei krallend, hielt sie es fest und brach es dann mit einem sauberen seitlich ausgeführten Schlag des Schneidezahns auf. Der Inhalt ergoß sich unversehrt ins Stroh. Durch jahrelange Übung im Eierstehlen beherrschte sie diese Kunst vollendet. Genießerisch schleckte sie Dotter und Eiweiß, und nachdem sie noch zwei Eier ergattert hatte, kletterte sie wieder auf ihren Holzstoß.

Als Mackenzie am späten Nachmittag von seiner Fahrt ins Städtchen zurückkam und in den Hof fuhr, war er überrascht, die beiden Hunde vor der Viehtränke in der Sonne schlafen zu sehen. Während des Abladens standen die beiden schweifwedelnd um den Wagen, dann folgten sie ihm ins Haus.

»Hast du sie aus dem Stall gelassen, Nell?« fragte er seine Frau, nahm einen Knochen mit schönem Fleisch dran aus dem Paket auf dem Küchentisch und ließ ihn verstohlen in das Maul fallen, das sich wie ein Hairachen vor ihm öffnete.

»Aber nein«, antwortete sie erstaunt. »Ich habe ihnen eine Schüssel Milch gebracht, aber ich erinnere mich, daß ich die Tür wieder richtig zugemacht habe.«

»Vielleicht war der Riegel nicht ganz unten«, meinte Mackenzie. »Na, ist ja auch egal, jedenfalls sind sie noch da. Der Kopf vom Labrador sieht schon besser aus, ich glaube, heute abend kann er wieder richtig fressen. Er hat's nötig, der arme Kerl.«

In Deepwater wußte man nichts von den Ausreißern, berichtete Mackenzie, aber sie mußten von Osten gekommen sein, denn in Archer Creek hatte ein Nerzzüchter erzählt, daß er in der vergangenen Nacht einen weißen Hund, den er für einen räubernden Bastard hielt, von seiner Tür weggejagt habe. Die meisten dachten, der Labrador könne einer Jagdgesellschaft verlorengegangen sein; wie allerdings der Bullterrier in seine Begleitung kam, dafür fanden sie keine Erklärung. Falls sich der Besitzer des Labradors nicht meldete, wollte ihn der indianische Verbindungsmann zu sich nehmen, denn sein Jagdhund war vor kurzem eingegangen.

Nell ereiferte sich: »Das kommt ja überhaupt nicht in Frage!« »Keine Bange, Nell«, antwortete ihr Mann lachend. »Ich habe ihm gesagt, daß wir die beiden nicht trennen. Solange es geht, behalten wir sie. Wenn ich mir vorstelle, mein Hund würde zu dieser Jahreszeit weglaufen! Nein, nur nicht. – Aber mach dir keine falschen Hoffnungen, Nell: falls sie auf ein bestimmtes Ziel lossteuern, dann kann sie nichts auf der Welt zurückhalten, und wenn's ihnen noch so gut bei uns gefällt. Wir werden sie eine Zeitlang einsperren und ihnen tüchtig zu fressen geben. Sollten sie dann wirklich noch weglaufen, dann sind sie wenigstens nicht mehr so schwach.«

Nach dem Abendessen zogen sich die Mackenzies mit ihren Gästen in das kleine Hinterzimmer zurück, ein gemütlicher, angenehm verwohnter Raum, auf dessen Regalen Kinderbücher standen, verstaubte Jagdtrophäen und verblichene Photographien. An den Wänden machten sich hingegen Schneeschuhe, präparierte Fische, die unbeholfenen Zeichnungen der Enkelkinder, Preisschleifen, Stammbäume und Tomahawks den Platz streitig. Nell las ihrem Mann, der am Tisch saß und, genußvoll seine Pfeife schmauchend, an der kniffligen Takelage zu einem Zweimastermodell bastelte, aus »Drei Männer in einem Boot« vor. Der gesättigte und zufriedene Labrador hatte an diesem Abend gierig gefressen, mehrere Schüsseln Milch und einige Teller mit kräftigem Futter geleert; nun lag er lang ausgestreckt unter dem Tisch, den tiefen Schlaf der Erschöpfung und Sicherheit schlafend. Der Terrier schnarchte leise aus den Tiefen eines alten Ledersofas, den Kopf in ein Kissen gebettet, die vier Pfoten in der Luft.

Der abendliche Friede wurde einzig durch den Lärm einer Katzenbalgerei draußen auf dem Hof gestört. Gleichzeitig richteten sich beide Hunde auf. Zur Verwunderung des alten Ehepaars wedelten sie beide mit den Schwänzen und setzten die gleichen anteilnehmenden Mienen auf.

Später folgten sie Mackenzie widerstandslos in den Stall. Er schüttete in der Ecke einer leeren Box etwas Heu für sie auf, goß Wasser in den Napf und schloß die Tür fest hinter sich zu, wobei er sich noch einmal vergewisserte, daß der Riegel richtig heruntergedrückt war und die Tür auch bei tüchtigem Rütteln nicht aufsprang. Nach ein paar Minuten wurde es im unteren Stockwerk dunkel; kurz danach erlosch auch oben das Licht.

Die Hunde lagen still in der Dunkelheit und warteten. Bald scharrte etwas an der Tür, der Riegel sprang auf, und die Katze schlängelte sich mit ihrem schmalen Körper durch den Spalt. Sie zupfte sich unter tiefem Gebrumm das Heu zurecht und rollte sich wie eine Kugel an der Brust des Terriers

zusammen. Noch ein paar zufriedene Seufzer –
und alles schlief im Stall.

Als der junge Hund in der ersten Morgendämmerung aufwachte, standen nur noch ein paar zögernde Sterne am kalten Morgenhimmel, um ihm die Botschaft zu geben, die sein Herz längst kannte: es war Zeit zum Aufbruch nach Westen.

An der Stalltür trat die Katze zu ihm, gähnte und streckte sich, und schließlich ließ auch der alte Hund, obwohl er in dem kalten Morgenwind schlotterte, nicht länger auf sich warten.

Eine Weile saßen alle drei reglos und blickten lauschend im stillen, dunklen Farmhof umher, wo die Tiere schon anfingen sich leise zu regen. Es war Zeit zum Aufbruch: bis zur ersten Ruhepause in der warmen Mittagssonne mußten sie ein großes Stück hinter sich gebracht haben.

Still gingen sie über den Hof und hinaus in die Felder, die am Horizont zu den dunklen Schattenmassen der Bäume führten. Drei Pfotenpaare hinterließen ihre Spuren in dem zarten Rauhreif, der die Erde bedeckte. In dem Augenblick, als sie einen Wildpfad einschlugen, der westwärts durch den Wald führte, ging oben im Farmhaus das erste Licht an ...

Vor ihnen lagen die letzten siebzig Kilometer der

Reise. Gut, daß sie sich ausgeruht und wieder einmal richtig sattgefressen hatten. Der Hauptteil der Strecke führte durch das Strellon Game Reserve, eine Landschaft, verlassener und unwirtlicher als alle Gegenden, die sie bisher kennengelernt hatten. Nachts würde es frieren, das Gehen würde gefahrvoll und erschöpfend werden, mit menschlicher Hilfe würden sie nicht rechnen können. Doch das Schlimmste: ihr Anführer war bereits schwach und untauglich.

X

Immer mehr Teilchen fügten sich bei dem Zusammensetzspiel ineinander, und allmählich begann sich das Bild abzuzeichnen. Im östlichen Kanada dampfte ein Schiff den Sankt-Lorenz-Strom hinauf und ließ auf seinem Wege nach Montreal die Höhen von Quebec in der Ferne zurück. Die Hunters, die von ihrem langen Aufenthalt in England heimkehrten, standen an der Reling des Oberdecks und betrachteten die Uferlandschaft.

Peter und Elisabeth, ihre Kinder, waren furchtbar aufgeregt. Sie hatten, nachdem das Schiff in den Golf eingelaufen war, das Deck kaum mehr verlassen. Seit sie am Morgen aufgewacht waren, zählten sie die Stunden bis zu ihrer Heimkehr. Sie konnten es kaum erwarten, nach der langen Trennung endlich ihre Freunde, Haus und Besitz – vor allem aber ihre Tiere – wiederzusehen. Immer wieder malte sich Elisabeth die erste Begegnung mit ihrer Katze aus, und insgeheim fragte sie sich besorgt, ob Tao sie auch nicht vergessen hätte. Im Koffer hatte sie ein rotes Lederhalsband, das Reisemitbringsel für Tao.

Peter war dagegen vollkommen glücklich. Er hatte keinerlei Zweifel wegen des Wiedersehens. Seit der Junge überhaupt alt genug war, um zu denken, wußte er es mit Gewißheit: Bodger gehörte zu ihm und war immer da, und ebenso gehörte er zu dem Bullterrier – und seine Rückkehr würde das einzige Geschenk sein, das sein Hund brauchte. Ihr Vater aber dachte beim Anblick der Wildenten, die, Pfeilspitzen gleich, in der Morgendämmerung durch die Luft strichen, daß er und der eifrige Luath die Vögel bald wiedersehen würden – über dem Delta-Marschland und den Stoppelfeldern im Westen ...

Tausendfünfhundert Kilometer westlich der Dampfschiffsroute saß John Longridge in der Bibliothek am Schreibtisch. Seine Niedergeschlagenheit paßte so recht zu dem leeren, stummen Haus, in das er erst kürzlich zurückgekehrt war. Elisabeth hatte ihm geschrieben, wie sie sich das Wiedersehen mit Tao – und natürlich auch mit den Hunden ausmalte. Ohne den Brief zu Ende zu lesen, legte er ihn beiseite und blickte auf den Kalender: wenn die Hunters ein frühes Flugzeug bekämen, würden sie morgen abend zu Hause sein. Das bedeutete aber, daß er ihnen in vierundzwanzig Stunden gestehen müßte, daß seine Schützlinge ausgerissen waren und er nicht die geringste Ahnung hatte, was aus ihnen geworden sein mochte.

Mrs. Oakes war ebenso niedergeschlagen. Sie hatten sich miteinander die Geschichte mit den verkohlten Notizblättern zusammengereimt und die daraus folgenden Mißverständnisse, die es drei so völlig verschiedenen Tieren ermöglicht hatten, auszureißen, ohne eine Spur zu hinterlassen und genau zum richtigen Zeitpunkt. Aber gerade diese überlegte Flucht überzeugte Longridge davon, daß seine Schützlinge nicht einfach weggelaufen waren, weil es ihnen nicht bei ihm gefiel – dazu hätten sie in all den Monaten, die sie bei ihm lebten unzählige Male Gelegenheit gehabt.

Jede nur mögliche Katastrophe hatte er schon in Erwägung gezogen: Tod auf der Landstraße, Gift, Fallen, Diebstahl, verfaultes Brunnenwasser – aber beim besten Willen konnte Longridge sich nicht vorstellen, daß drei Tiere mit so verschiedenem Temperament auf die gleiche Weise ums Leben gekommen sein sollten. Ebenso unerfindlich blieb ihm, wie ein so auffallendes Trio die kleine Dorfgemeinde unbemerkt hatte verlassen können. Er hatte schon mit Bodgers Freunden aus der

Schule gesprochen, aber keines der Kinder hatte die Tiere an diesem letzten Morgen gesehen oder sonst irgend etwas Außergewöhnliches, ein fremdes Auto oder dergleichen, bemerkt. Und Longridge wußte, daß Schulkinder auf dem Lande ihre Augen überall haben und ihnen so leicht nichts entgeht. Auch die Landpolizei mit ihrem weitgespannten Informationsnetz wußte nichts zu vermelden.

Und doch brauchte er etwas Konkretes, das er den Hunters morgen mitteilen konnte – wenn nichts Hoffnungsvolles, dann klare Tatsachen.

Er preßte den Kopf in die Hände und zwang sich, kühl und nüchtern alles noch einmal Punkt für Punkt durchzudenken. Tiere pflegten sich nicht einfach in Luft aufzulösen, es mußte also eine Erklärung für ihr Verschwinden geben, irgendeinen Grund, so simpel und einleuchtend wie ihr Tageslauf. Eine vage Vorstellung tauchte in seinen Gedanken auf, aber er konnte sie nicht recht fassen.

Der Abend brach herein. Er knipste die Lampe an und ging zum Kamin hinüber. Die Stille im Zimmer hatte etwas Bedrückendes. Er hielt ein Streichholz an die Kienspäne, die Flammen züngelten hoch, und er dachte an den Abend, da er zuletzt hier gesessen hatte: zwei träumende Saphiraugen

leuchteten in einem stolzen, schwarz-maskigen Gesicht; in seinem Lehnstuhl lümmelte sich ein weißer Bursche, und als sein Blick in die dunkle Zimmerecke fiel, glaubte er, Luaths Augen zu sehen. Er dachte an sein verändertes Benehmen, und auf einmal erinnerte er sich, wie der Hund ihm am letzten Morgen zum erstenmal die Pfote hingestreckt hatte ... Wie ein Blitz kam ihm plötzlich die Einsicht; endlich verstand er.
Die Tür ging auf, und Mrs. Oakes kam herein.
»Ich weiß jetzt, wo sie hingegangen sind«, sagte er langsam. »Luath hat sie nach Hause geführt – er hat sie alle zu seinem Herrn zurückgebracht.«
Mrs. Oakes sah Longridge einen Augenblick ungläubig an. Dann platzte sie heraus: »Ausgeschlossen! Wie stellen Sie sich denn das vor! Das sind doch an die fünfhundert Kilometer! Irgend jemand hätte sie bestimmt gesehen, wir hätten eine Nachricht bekommen ...« Erschrocken brach sie ab, denn plötzlich fiel ihr ein, daß die beiden Hunde keine Halsbänder trugen. Außerdem hatte der Terrier, da er in England registriert war, kein tätowiertes Erkennungszeichen.
»Sie werden nicht da gegangen sein, wo sie irgend jemand sehen kann«, sagte er nachdenklich. »Wenn sie sich von ihrem Instinkt leiten ließen,

sind sie einfach immer nach Westen gelaufen – die kürzeste Strecke, über den Ironmouth Range.«
»Über den Ironmouth?« wiederholte Mrs. Oakes entsetzt. »Dann besteht keine Hoffnung, daß sie davongekommen sind. Wölfe und Bären und was weiß ich, gibt's da, und wenn sie nicht gleich am ersten Tag aufgefressen worden sind, dann sind sie bestimmt verhungert.«
Sie sah so niedergeschmettert aus, als Longridge ihr wenigstens noch eine kleine Hoffnung vor Augen stellte. Vielleicht hätten sie sich mit einem fernab wohnenden Jäger oder Schürfer angefreundet, der gerade auf dem Weg zum Telefon ...
Aber Mrs. Oakes war untröstlich.
»Wir brauchen uns doch nichts vorzumachen, Mr. Longridge«, sagte sie. »Ein junger Hund schafft vielleicht diese Riesenstrecke, allenfalls auch eine Katze – Katzen sind zäh –, aber Sie wissen genauso gut wie ich, daß der alte Bodger keine zehn Meilen weit kommt. Er war schon müde, wenn ich ihn mit zu meiner Schwester nahm. Natürlich«, sagte sie mit feuchtem Lächeln, »natürlich hat er sich manchmal auch ein bißchen angestellt, wenn er was bei mir erreichen wollte. Aber trotzdem – ein Hund in Bodgers Alter kann sich höchstens ein, zwei Tage in der Wildnis halten.«

Ihre Worte fielen in die Stille; beide sahen sie in die undurchdringliche Dämmerung.

»Sie haben recht, Mrs. Oakes«, sagte Longridge endlich bekümmert. »Wir werden uns mit dem Gedanken abfinden müssen, daß der alte Bursche nicht mehr lebt. Schließlich sind inzwischen fast vier Wochen vergangen. Und genaugenommen hat Tao auch keine großen Chancen. Siamkatzen vertragen keine Kälte. Bliebe Luath. Wenn sie tatsächlich nach Hause wollten, könnte er es allenfalls geschafft haben. Er ist groß und kräftig.«

»Luath«, sagte Mrs. Oakes finster. »So ein Kerl, unseren guten alten Bodger in den Tod zu führen! Und diese seltsame Katze trieb ihn bestimmt auch noch an! Nicht, daß ich einen von ihnen vorzog, aber ...«

Die Tür schloß sich hinter ihr, und Longridge wußte, daß sie nun um alle drei weinte.

Doch jetzt hieß es für Longridge, keine Zeit mehr zu verlieren: er hatte eine Idee, und die mußte verfolgt werden.

Als erstes rief er den Landforstmeister an, der ihm zusagte, am nächsten Tag den ganzen Bezirk zu verständigen und allen Jagdhütern und Förstern Bescheid zu geben. Außerdem schlug er Longridge vor, sich mit einem Forstpiloten in Verbindung zu setzen, der die Jäger in abgelegenere Waldstreifen brächte und die meisten Indianerführer kennte.

Der Pilot war dienstlich unterwegs und wurde erst tags darauf zurückerwartet. Seine Frau meinte aber, Longridge solle sich an den Lokalredakteur der Zeitung wenden.

Der Redakteur war bei einem Wettkampf im Pflügen. Seine Mutter riet dagegen, sich mit dem Überlanddienst des Elektrizitätswerkes in Verbindung zu setzen, dessen Leute über weite Gebiete des Landes verstreut seien ... Der Direktor des Elektrizitätswerkes versprach, die Mannschaften am Morgen davon zu unterrichten und verwies ihn an die Inspektorin des ländlichen Fernsprechdienstes, die eine wahre Nachrichtenzentrale für Vorkommnisse im Umkreis vieler Kilometer sei.

Jeder war nett und hilfsbereit – aber das brachte ihn nicht viel weiter. Um nicht womöglich jetzt schon hören zu müssen, daß die Fernsprechinspektorin erst morgen von einem Besuch bei ihrer Nichte auf der anderen Seite des Flusses zurückkäme oder ein Sturm das gesamte Telefonnetz lahmgelegt habe, schob er den Anruf noch etwas hinaus und suchte erst einmal eine Landkarte.

Er fand eine Karte mit großem Maßstab, zog eine Verbindungslinie zwischen seinem Dorfbezirk und der Universitätsstadt, in der die Hunters lebten, und notierte die Ortsnamen, die sie berührte. Zu seiner Enttäuschung waren es nur wenige, da die Linie meist durch menschenleere Gegenden mit Bergen und Flüssen führte. Die letzten siebzig, achtzig Kilometer, die zum großen Teil durch das Strellon Game Reserve führten, schienen besonders rauh und unwirtlich zu sein.

Seine Hoffnung sank immer tiefer, er war mit seinem Latein am Ende und verwünschte sein damaliges Angebot, die Tiere zu sich zu nehmen. Wenn er nur den Mund gehalten und sich um seine eigenen Angelegenheiten gekümmert hätte, dann wären sie jetzt alle noch am Leben. Nach eingehendem Studium der Karte bestand für ihn kein Zweifel mehr, daß sie durch Hunger, Kälte und Erschöpfung zugrunde gegangen waren.

Und morgen würden die Hunters zurück sein ... Müde griff er nach dem Telefonhörer und rief die Fernsprechinspektorin an.

Spät in der Nacht klingelte das Telefon. Das Fernsprechfräulein in Lintola – Longridge suchte den Ort auf der Karte, er lag ein ganzes Stück südlich seiner Linie – wollte ihm etwas mitteilen. Der

Lehrer im Ort habe in irgendeinem Zusammenhang erwähnt, daß die kleine Nurmi eine halbertrunkene Siamkatze aus dem überfluteten Keg gerettet hätte. Vor ungefähr zwei Wochen sei das gewesen, aber die Katze sei nach ein paar Tagen wieder verschwunden. Wenn Mr. Longridge morgen mittag Lintola 29 wählen würde, wolle sie versuchen, die Kleine an den Apparat zu holen, damit er sie selbst sprechen könne.

Die Inspektorin hatte noch eine andere Nachricht für ihn, von der sie nicht recht wußte, ob sie ihm dienlich sei: Der alte Jeremy Aubyn, der bei der Doranda-Mine wohne, habe, als er das letztemal zum monatlichen Postempfang gekommen sei, etwas von »Besuchern« erzählt –, »ganz reizenden Leuten«. Dabei wüßte doch jeder, daß der letzte Besucher, der sich die zwanzig Kilometer durch den Wald zur Mine zugemutet habe, sein Bruder gewesen sei, der schon seit drei Jahren tot sei. Der arme Mister Aubyn, meinte das Fräulein zartfühlend, lebe schon lange in Gesellschaft von Tieren, vielleicht sei er ein wenig verwirrt ...

Longridge dankte ihr herzlich, legte den Hörer auf und griff zur Karte. Die Nachricht von dem Einsiedler bei der Doranda-Mine nahm er mit der gebührenden Vorsicht auf – wahrscheinlich hatte

der alte Mann ein paar Wildhüter oder Indianer gesehen – und konzentrierte sich auf Lintola. Es sah fast so aus, als hätte er recht gehabt: die drei waren tatsächlich auf eigene Faust in heimatlicher Richtung losmarschiert. Vor zwei Wochen, so rechnete er, lebte die Katze noch und mußte bis dahin, nach seiner Karte, schon über hundertfünfzig Kilometer gelaufen sein. Was aber war mit den beiden Hunden geschehen? War Luath etwa auch tot? Ertrunken vielleicht, wie es die Katze wäre, wenn das kleine Mädchen sie nicht gerettet hätte?
Als er in der Nacht schlaflos dalag, dachte er, daß er alles dafür geben würde, den dumpfen Schlag auf dem Bett zu hören, der gewöhnlich die Ankunft des alten Hundes ankündigte. Und wie egoistisch und rücksichtslos hatte er ihn oft gefunden, wenn er mitten in der Nacht durch das unnachgiebige Schubsen und Wühlen seines unerwünschten Bettgefährten aufgeweckt worden war.
»Heute nacht«, dachte er, »könnte er mein Bett für sich alleine haben! Ich selber würde sogar in seinem Korb schlafen – wenn er nur zurückkommen wollte!«

XI

Longridge hatte nicht umsonst am Abend nach seiner Rückkehr stundenlang telefoniert. In der darauffolgenden Woche verfolgte er mit den Hunters geduldig alle Hinweise, die man ihm gegeben hatte. Manche widersprachen einander zu sehr, als daß es sich lohnte, ihnen nachzugehen, andere wieder stimmten so frappierend überein, daß man sie nicht ernst zu nehmen wagte. Oftmals hatten sie das Gefühl, als ob jeder – sei es Mann, Frau oder Kind –, dem in den letzten fünf Jahren eine Katze oder ein Hund über den Weg gelaufen war, ihnen das mitteilen zu müssen glaubte. Alles in allem aber war jedermann außerordentlich freundlich, und einige hatten tatsächlich die Tiere gesehen.

Nachdem Longridge mit den Hunters die einzelnen Schilderungen gründlich gesiebt hatte, zeigte sich, daß er mit seiner Vermutung recht behielt: die Hunde (über die Katze konnten sie nichts weiter in Erfahrung bringen) waren wie nach einem Kompaß in westlicher Richtung gelaufen und hatten die auf seiner Landkarte gezogene Linie erstaunlich genau eingehalten.

Der Bruder eines Indianerführers, der einen der Forstpiloten bei seinen Flügen in das urwaldartige Land zu begleiten pflegte, war mit seinem kürzlich von der Reisernte heimgekehrten Vetter zusammengetroffen, der ihm eine wilde Geschichte von einem Hund und einer Katze erzählt hatte, die aus dunkler Nacht vor ihnen aufgetaucht seien und einen Zauberspruch über die Reisernte gesprochen hätten, so daß sie sich ums Tausendfache vermehrte.

Die kleine Helvi Nurmi hatte schluchzend die schöne Siamkatze, die bei ihnen ein kurzes Gastspiel gegeben hatte, in allen Einzelheiten beschrieben. Irgendwo im Ironmouth Range waren einem Förster zwei Hunde aufgefallen, und ein mürrischer Farmer soll in Joe Woods Kaufhaus in Philipville am Münzfernsprecher gesagt haben, wenn er einen weißen Hund erwischte (»Häßlich wie die Sünde – ein Mordsvieh«), der eine Schar preisgekrönter Hühner abgewürgt und seinen armen friedliebenden Collie böse zerbissen habe, würde er ihm sämtliche Knochen im Leib zerbrechen! Als Peter das hörte, mußte er zum erstenmal wieder lächeln: er sah seinen angriffslustigen

Bodger vor sich, wie er, ohne die geringsten Skrupel, den Kampf genoß. Eine freudigere Botschaft konnte Bodger ihm wahrlich nicht schicken, denn sein unersättlicher eigensinniger Clown taugte nun mal nicht für Traurigkeit und Ungewißheit. Peter bewahrte seinen tiefen Kummer bei sich und ließ sich auch nicht von süßer Hoffnung einlullen; Bodger war tot, Luath vermutlich auch. Er mußte sich damit abfinden.

Elisabeths Einstellung war das ganze Gegenteil von der ihres Bruders. Sie war vollkommen überzeugt, daß ihr Tao lebte und früher oder später heimkommen würde. Davon war sie nicht abzubringen, obwohl sie nichts mehr über ihre Katze gehört hatte, seit sie bei den Nurmis aufgetaucht und ebenso schnell wieder verschwunden war. Alle behutsamen Versuche, ihr zu erklären, was Tao inzwischen alles widerfahren sein konnte, schlug sie in den Wind und behauptete steif und fest, irgendwann werde der leichtsinnige Bummler reuevoll zurückkehren. Und nach einer tüchtigen Gardinenpredigt würde sie ihm das neue rote Halsband umlegen ...

Aber sie war die einzige, die sich nicht ihre fröhliche Zuversicht rauben ließ. Nachdem der freundliche James Mackenzie ihnen telefonisch mitgeteilt hatte, daß die beiden Hunde vor zehn Tagen noch am Leben gewesen waren, studierte die Familie eingehend die Karte. Da sahen sie die Mauer, die sich unbarmherzig zwischen ihnen und jeglicher Hoffnung auftat: wildes, menschenleeres Land, zu rauh und abweisend für einen ausgeruhten Hund, wieviel mehr für einen kranken, halbverhungerten, wie Mackenzie ihn beschrieben hatte; sicher waren seine Kräfte überfordert, denn er mußte ja seinen Kameraden, der bei allem guten Willen sein Alter nicht verleugnen konnte, mit Auge und Witterung führen.

So blieb nur noch zu hoffen, daß sie nach ihrer langen Reise in dieser Wildnis schnell ein gnädiges Ende gefunden hatten.

Longridge war bei den Hunters zu Besuch; und teils, um den deprimierenden Anrufen gutgesinnter aber schlecht unterrichteter Leute aus dem Weg zu gehen, teils, weil Peter am nächsten Sonntag seinen zwölften Geburtstag feierte, schlug er vor, übers Wochenende in Hunters Sommerhaus am Windigo-See zu kampieren. Es war zwar schon für den Winter hergerichtet, aber sie konnten Schlafsäcke mitnehmen und es sich in der Küche und im Wohnzimmer, die mit einem Quebec-Ofen zu heizen waren, gemütlich machen.

Elisabeth hatte zuerst nicht so recht gewollt, falls Tao gerade an diesem Wochenende nach Hause käme; doch als Longridge ihr auf der Karte zeigte, daß der Windigo-See direkt an der Westroute lag, die er auf der Karte eingezeichnet hatte, und sie daran erinnerte, daß Tao von ihren unzähligen Streifzügen mit den Hunden die Umgebung des Sommerhäuschens im Umkreis von vielen Kilometern kannte, packte sie das rote Halsband ein und gab sich zufrieden – zu leicht, argwöhnte er, ihre Enttäuschung fürchtend.

Das Häuschen steckte voller Erinnerungen; um diese Jahreszeit aber wirkte es gänzlich anders, so daß man sich, wie in einer neuen Umgebung, leichter an die traurigen Gegebenheiten gewöhnen konnte. Es war, als würden sie ein neues Land entdecken: ein kalter See ohne Boote, die wenigen Häuser verriegelt, verschlossen, leer. Wege, von deren Vorhandensein sie keine Ahnung hatten, traten auf einmal zwischen den nackten Bäumen und dem welken Gestrüpp hervor.

Peter hatte eine neue Kamera und lag stundenlang nach Eichhörnchen und Vögeln auf der Lauer. Elisabeth verbrachte fast den ganzen Tag in einer schwankenden Baumhütte, die sie sich im vorigen Sommer zwischen drei hohen Birken am Ufer gebaut hatten.

Am letzten Nachmittag – es war Peters Geburtstag – beschlossen sie, einen Abschiedsspaziergang zu machen: auf dem alten Allen-Lake-Pfad zum Aussichtspunkt auf dem Hügel und am Seeufer zurück. Es war ein aufheiternder Spaziergang in der würzigen, klaren Luft; ein dichter Blätterteppich bedeckte die stillen Wege, und über allem lag der heilsame Friede des nordländischen Waldes.

Meist gingen sie, jeder seinen eigenen Gedanken nachhängend, in schweigendem Einvernehmen. Jim Hunter fehlte etwas, wenn er bei einem Gang durch den Wald nicht einen Hund bei sich hatte, und er gedachte früherer Herbsttage, als er, mit dem Gewehr in der Hand, durch diese friedliche Einsamkeit ging und Luath einmal rechts, einmal links neben ihm hertrottete. Er erinnerte sich, wie er aufgeregt ein auf einen Baum getriebenes Rebhuhn meldete und wie weich sich seines Hundes Maul um den zarten herabgefallenen Vogel legte. Er entsann sich der Sonnenaufgänge und Abenddämmerungen an den Sümpfen und Seen von Manitoba – eisige Stunden gemeinsamen, geduldigen Wartens im Boot, an versteckten Plätzen und auf Stoppelfeldern fielen ihm ein. Mackenzies Schilderung, wie Luath ihm apportiert hatte, rührte Hunter mehr als alles andere, was sie über die Tiere erfahren hatten, denn er wußte, welch eine Demütigung es für seinen Hund bedeutete, den Vogel mit seinem schmerzenden Maul nicht so apportieren zu können, wie er es gelernt hatte.

Peter hatte den Weg abgeschnitten und war schon auf der steil abfallenden Felsenseite des Hügels angelangt. Er setzte sich auf einen Baumstumpf und sah ins Weite. Auch er war mit seinen Gedanken bei den Erlebnissen des vergangenen Jahres. Damals wollte er Bodger das Apportieren lehren, indem er mit einem Luftgewehr einen Schuß abgab und sodann einen ausgestopften Lederhandschuh ins Gebüsch warf.

Am ersten Tag war Bodger zunächst zur Mitarbeit aufgelegt gewesen und hatte eifrig apportiert; doch bald langweilte ihn das Ganze entsetzlich. Er legte die Ohren verdrießlich zurück, tat, als ob er taub sei, hinkte demonstrativ und setzte eine unerträgliche Märtyrermiene auf.

Zwei Tage hintereinander hatte er dann der unliebsamen Rennerei auf listige Weise ein Ende gemacht: Bodger kam aus dem Gebüsch zurück, mit eifrigem, verlegenem Gesicht – aber ohne Handschuh.

Peter mußte lächeln, als er sich daran erinnerte, was dann folgte: Am dritten Tag hatte er wieder den Schuß abgegeben und den Handschuh geworfen; dann war er seiner »Weißen Hoffnung« heimlich in den Wald nachgeschlichen – und sah Bodger, diesen Schlaumeier, wütend ein drittes Handschuhgrab buddeln ...

Peter wischte sich seufzend mit dem Handrücken über die Augen. Er packte seine Kamera zusammen, denn von ferne hörte er seine Familie kommen. Lange saßen sie auf den flachen Felsen des Aussichtshügels, auf dem früher einmal die Indianer ihre warnenden Signalfeuer entzündet hatten, und sahen über die endlose Kette der Seen und bewaldeten Hügel zu einem fernen Flecken: das war der große Superior-See. Es war still und friedlich. Eine Schwarzmeise sang ihnen ihr kleines Lied, und der unvermeidliche Eichelhäher kam auf lautlosen Schwingen heran, um ein paar Schritte von ihnen weg Brotkrumen aufzunehmen. Sie waren alle still und nachdenklich.
Plötzlich stand Elisabeth auf. Sie legte den Zeigefinger an den Mund.
»Pst! Seid mal still, da bellt was!«
Angestrengt lauschten sie zu den Hügeln hinter ihnen hinüber, aber keiner konnte etwas hören.
»Ach, das bildest du dir bloß ein«, sagte ihre Mut-

ter. »Oder vielleicht war es ein Fuchs. Kommt jetzt, wir müssen gehen.«
»Bitte, wartet«, flüsterte Elisabeth, »bitte, bitte, bloß noch eine Minute, dann hört ihr's bestimmt auch.« Ihre Mutter gab nach, denn ihr fiel ein, daß des Kindes Gehör noch jung und scharf genug war, um so feine Geräusche wie zum Beispiel das Fiepern der Fledermäuse zu hören – Geräusche, die die Ohren der Erwachsenen – und auch schon die Peters – längst nicht mehr wahrnahmen.

Elisabeth lauschte angestrengt. Plötzlich wich der gespannte Ausdruck auf ihrem Gesicht einem Lächeln. »Luath!« sagte sie strahlend. »Das ist Luath, ich erkenne ihn am Bellen!«
»Bitte, Lis, erspar' uns das«, sagte ihr Vater, »das ist – «
Nun glaubte auch Peter etwas zu hören. »P-s-s-s-t!« zischte er. Wieder wurde es still, sie lauschten, doch Jim Hunter schüttelte enttäuscht den Kopf. Für Elisabeth aber gab es keinen Zweifel – die Gewißheit stand geradezu auf ihrem Gesicht geschrieben, so daß sie mit ihrer Unruhe den Vater ansteckte. Jetzt spürte er es selbst: es lag etwas in der Luft. Er stand auf, rannte den schmalen Pfad zu dem breiteren Hauptweg hinunter, der um den

Hügel führte, und Peter hinter ihm her. »So pfeif doch!« rief er atemlos seinem Vater zu.

Schrill gellte der Pfiff, und fast noch ehe das Echo ihn zurückgeworfen hatte, antwortete aus den umliegenden Hügeln ein fröhliches Gebell.

Da standen sie in dem stillen Nachmittag, und ihre gespannten Körper warteten darauf, daß die Ungewißheit ein Ende habe. Sie standen und warteten am Wegende, um einen müden Wanderer, der die weite Strecke so treu gereist war, willkommen zu heißen. Sie brauchten nicht lange zu warten. Durch das Buschwerk der steilen Hügelflanke wirbelte ihnen ein kleiner, weizenfarbiger Körper mit schwarzer Schwanzspitze entgegen, ließ sich die letzten fünf Meter mit sorgloser Eleganz von den Felsen heruntergleiten und landete sanft zu ihren Füßen. Ein unirdisches, mißtönendes Wehgeschrei – der Willkommengruß der Siamkatze bebte in der Luft.

Elisabeths Gesicht war ein einziges Strahlen. Sie kniete nieder und nahm die selig schnurrende Katze in ihre Arme. »Oh, Tao«, sagte sie zärtlich. Mit den schwarzen Pfoten umschlang die Katze liebevoll den Hals des kleinen Mädchens. »Tao!« flüsterte sie in das weiche, nach Thymian duftende

Fell, und Tao umarmte sie so überschwenglich, daß Elisabeth fast erstickte.

Longridge war nicht so leicht aus der Fassung zu bringen, doch als der Labrador eine Sekunde später wie ein dürrer, borstiger Schatten des schönen Hundes, den er zuletzt gesehen, auf seinen Herrn zustürmte, da fühlte er einen Kloß im Hals. Und als Luath unter seltsam unartikulierten, halberstickten Lauten an seinem Herrn hochsprang und Longridge das Gesicht seines Freundes sah, wandte er sich ab und tat so, als müsse er Elisabeth von Taos allzuheftiger Umarmung befreien.

Minuten vergingen; alles redete und schwatzte aufgeregt durcheinander und drängte sich um den Hund, um ihn zu streicheln und zu liebkosen, bis er selbst auch den letzten Rest von Zurückhaltung in den Wind schlug und bellte, als ob er nie mehr aufhören wollte. Er zitterte heftig; seine Augen waren noch einmal so hell und lebendig und wandten sich auch keine Sekunde von seines Herrn Gesicht ab. Die Katze auf Elisabeths Schulter fiel mit heiserem Geheul ein, alles lachte, sprach oder schrie durcheinander – für eine Weile gab es einen richtigen Spektakel in dem stillen Wald.

Plötzlich durchzuckte sie alle der gleiche Gedanke.

Es wurde still. Keiner wagte, Peter anzusehen. Er stand abseits und knickte immer wieder einen Zweig, bis er wie ein schlaffes Band in seiner Hand war. Er hatte Luath noch nicht berührt, und als der Hund schließlich zu ihm kam, um ihn in die Begrüßungsrunde einzuschließen, wandte er sich ab.

»Fein, daß er wieder da ist, Papa«, war alles, was er sagte. »Und auch dein alter Tao«, wandte er sich mit einem erzwungenen Lächeln an Elisabeth. Elisabeth schluchzte auf. Linkisch kraulte er Tao hinter den Ohren. »Ihr wißt ja«, sagte er mit verzweifelter Munterkeit und mied ihre Blicke, »ich habe nichts anderes erwartet. Wollt ihr nicht schon gehen? Ich komme nach. Ich will noch mal zum Aussichtshügel zurück, vielleicht wird es jetzt doch was mit der Aufnahme von dem Eichelhäher.«

Das wird der verwackeltste Eichelhäher, den ich je auf einem Foto gesehen habe, dachte Onkel John grimmig bei sich. Einer plötzlichen Eingebung folgend, fuhr er laut fort: »Was meinst du, Peter, soll ich nicht mitkommen? Ich könnte dem Vogel die Krumen hinwerfen und versuchen, ihn näher heranzulocken.«

Am liebsten hätte er den Satz zurückgeholt – er

erwartete doch nur eine schroffe Absage. Zu seiner Überraschung aber nahm der Junge das Angebot an.

Sie sahen, wie die Familie gemächlich den Weg hinunterschlenderte. Tao lag in Elisabeths Arm geschmiegt; endlich wieder an dem langersehnten Platz, blieb der Labrador seinem Herrn auf den Fersen.

Peter und Onkel John kehrten zum Aussichtspunkt zurück. Sie machten ein paar Aufnahmen. Sie lösten ein merkwürdig geformtes Schwammgewächs von einem Baumstamm; sie fanden – wie kam es hierher? – das zylindrische Gehäuse eines Diamantbohrers. Und die ganze Zeit redeten sie über Felsen, Planeten, den Weltraum, das Wetter von morgen. Mühselig brachten sie die sieben Mägen der Kuh zusammen; Hunde aber wurden mit keiner Silbe erwähnt.

Als sie wieder an die Weggabelung kamen, blickte Longridge verstohlen auf die Uhr: es war Zeit, umzukehren. Er sah Peter an: »Ich glaube, wir müs –«. Aber er sprach den Satz nicht zu Ende, als er den Ausdruck auf dem Gesicht des gespannten, stillen, verschlossenen Jungen neben sich sah, und folgte der Richtung seines Blickes ...
In das Licht der schrägfallenden Sonnenstrahlen

trat aus der Dunkelheit des Unterholzes mit seinem unnachahmlichen Seemannsgang: Ch. Boroughcastle Brigadier of Doune.

Brigadier Boroughcastles ausgefranster Banner-Schwanz ragte nach hinten, die schlachtenzernarbten Ohren standen aufgerichtet, die edle, schwarzrosa Nase zuckte und versuchte, alles das zu erfassen, was sich seinem kurzsichtigen Blick versagte. Mager und müde, hoffnungsfroh, glücklich – und hungrig, das bemerkenswerte Gesicht strahlend vor Erwartung, so kehrte der alte Krieger aus der Wildnis heim. Bodger, ausnahmsweise schön, kam, so schnell er konnte. Er begann zu laufen, lief schneller und schneller, bis die Jahre von ihm abfielen und er sich Peter entgegenwarf.

Und Peter lief, als wolle er Bodger noch übertreffen, wie er nie zuvor in seinem Leben gelaufen war.

John Longridge wandte sich ab und ließ das unentwirrbare Knäuel aus Kind und Hund in ihrer eigenen Welt allein. Wie im Traum ging er den Weg zurück; seine Augen sahen nichts.

Auf halber Strecke sauste ihm ein kleines Tier entgegen und flutschte um seine Beine herum, so daß er gerade noch mit einem Blick das schwarzmaskierte Gesicht und den langen schwarzen

Schwanz erhaschte, bevor es in Windeseile den Weg hinauf verschwand.

Es war Tao, der die Reise mit seinem alten Freund zusammen beschließen wollte.

Tiergeschichten

Lloyd Abbey
Die letzten Wale
Roman. Band 11439

Philip J. Davis
Pembrokes Katze
Roman. Band 10646

Nigel Hinton
Im Herzen des Tals
Band 8321

Petr Pavlik
Dar - der Hund aus Sibirien
Band 11182

Hope Ryden
Der Biberlilienteich
Roman. Band 11671
(in Vorbereitung)

Tad Williams
Traumjäger und Goldpfote
Roman. Band 8349

Fischer Taschenbuch Verlag

Unterhaltsame Literatur
Eine Auswahl

Maurice Druon
Ein König
verliert sein Land
Roman
Band 8166

Jerry Ellis
Der Pfad
der Cherokee
Eine Wanderung
in Amerika
Band 11433

Sabine Endruschat
Wie ein Schrei
in der Stille
Roman. Band 11432

Annie Ernaux
Eine vollkommene
Leidenschaft
Roman. Band 11523

Audrey
Erskine-Lindop
An die Laterne!
Roman
Band 10491

Der Teufel
spielt mit
Thriller
Band 8378

Sophia Farago
Die Braut
des Herzogs
Roman
Band 11492

Catherine Gaskin
Denn das Leben
ist Liebe
Roman. Band 2513

Das grünäugige
Mädchen
Roman. Band 1957

Wie Sand am Meer
Roman. Band 2435

Martha Gellhorn
Liana
Roman
Band 11183

Brad Gooch
Lockvogel
Storys
Band 11184

Mailand –
Manhatten
Roman
Band 8359

Constance Heaven
Kaiser, König,
Edelmann
Roman
Band 8297

Königin mit
Liebhaber
Roman
Band 8296

Fischer Taschenbuch Verlag

fi 1220/8c

Unterhaltsame Literatur
Eine Auswahl

**Sue Henry
Wettlauf durch
die weiße Hölle**
Roman
Band 11338

**Richard Hey
Ein unvoll-
kommener
Liebhaber**
Roman
Band 10878

**James Hilton
Der verlorene
Horizont**
*Ein utopisches
Abenteuer irgendwo
in Tibet*
Roman
Band 10916

**Victoria Holt
Königsthron und
Guillotine
Das Schicksal der
Marie Antoinette**
Roman
Band 8221

Treibsand
Roman
Band 1671

**Barry Hughart
Die Brücke
der Vögel**
Roman
Band 8347

**Die Insel
der Mandarine**
Roman
Band 11280

**Meister Li und der
Stein des Himmels**
Roman
Band 8380

**Rachel Ingalls
Mrs. Calibans
Geheimnis**
Roman
Band 10877

**Gary Jennings
Der Azteke**
Roman. Band 8089

**Marco Polo
Der Besessene**
Bd. I: **Von Venedig
zum Dach der Welt**
Band 8201

Bd. II: **Im Lande des
Kubilai Khan**
Band 8202

Der Prinzipal
Roman
Band 10391

**James Jones
Verdammt in
alle Ewigkeit**
Roman. Band 11808

Fischer Taschenbuch Verlag

fi 1220/9 d

Unterhaltsame Literatur

Eine Auswahl

Jules Verne
Das grüne Leuchten
Neuübersetzung
Band 10942

T. H. White
Schloß Malplaquet oder Lilliput im Exil
Roman. Band 2702

Tad Williams
Traumjäger und Goldpfote
Roman. Band 8349

Barbara Wilson
Mord im Kollektiv
Band 8229

David Henry Wilson
Der Fluch der achten Fee
Ein Märchen
Band 10645

Barbara Wood
Herzflimmern
Roman
Band 8368

Lockruf der Vergangenheit
Roman. Band 10196

Rote Sonne, schwarzes Land
Roman. Band 10897

Seelenfeuer
Roman. Band 8367

Sturmjahre
Roman. Band 8369

Geert Zebothsen
Wettlauf mit dem Tod
Roman
Band 8348

Marion Zimmer Bradley
Die Feuer von Troia
Roman. Band 10287

Marion Zimmer Bradley
Luchsmond
Erzählungen. Band 11444

Die Nebel von Avalon
Roman. Band 8222

Lythande
Erzählungen. Band 10943

Tochter der Nacht
Roman. Band 8350

Marion Zimmer Bradley (Hg.)
Schwertschwestern
Magische Geschichten I
Band 2701

Wolfsschwester
Magische Geschichten II
Band 2718

Windschwester
Magische Geschichten III
Band 2731

Traumschwester
Magische Geschichten IV
Band 2744

Fischer Taschenbuch Verlag